回顾过去　照耀未来

岁月印记

徐景权◎著

中国和平出版社
China Peace Publishing House
北京

图书在版编目（CIP）数据

岁月印记 / 徐景权著 . -- 北京 : 中国和平出版社 ,
2025. 3. -- ISBN 978-7-5137-2995-6

Ⅰ . C53

中国国家版本馆 CIP 数据核字第 2025UF2095 号

岁月印记

SUIYUE YINJI

徐景权◎著

责任编辑	崔雨薇
美术编辑	胡小梅　孙文君
责任印务	魏国荣
出版发行	中国和平出版社（北京市海淀区花园路甲 13 号院 7 号楼 10 层　100088）
	www.hpbook.com　bookhp@163.com
出 版 人	林　云
经　　销	全国各地书店
印　　刷	北京瑞禾彩色印刷有限公司
开　　本	710mm × 1000mm　1/16
印　　张	12.75
字　　数	103 千字
版　　次	2025 年 3 月第 1 版　2025 年 3 月第 1 次印刷
书　　号	ISBN 978-7-5137-2995-6
定　　价	78.00 元

目录

作者简介

徐景权，出生于南昌，资深传媒人，出版专业编审。从军、从政、从文的40余年间及退休之后，与文字相伴，致力于用文字记录光明，点亮生活。先后在新华社、人民日报、解放军报等中央和军队以及地方各种报纸杂志发表千余篇新闻作品和文学作品，有作品译成英、法、俄、德、西班牙等多种外文对外传播；有对外传播作品获联合国资助，多篇作品获省级以上一等奖。作品被多家大型网络媒体和报刊转载或连载，有作品被许多省市县图书馆和大学图书馆收藏并作为优秀读物向读者和大中学生推荐。《为贺子珍寻儿记》《9·13凌晨：在尾随林彪出逃的直升飞机上》《新中国惩腐第一枪》和反映原国民党少校飞行员黄植诚、李大维驾机归来等作品产生广泛影响。主编或参与主编几十套（本）图书和丛书；著有报告文学、散文集《多彩的人生》（合作）、书信体散文集《写给80后女儿》、报告文学、散文选集《写在雪地的脚印里》、长篇报告文学《北大外宣一期学子》等。

1. 新兵在部队报道组
2. 1972 年 12 月入伍，1985 年转业。着 65 式军装留念
3. 1975 年空六军报道组成员在北戴河合影
4. 1978 年初采访雷锋的家乡（左一为雷锋的三叔，中间为雷锋生产队队长）
5. 1991 年参加国家外文局组织的外宣工作会议在青岛留影
6. 1985 年部队换装后照片

7. 1987 年与北大一期外宣班同学在香山合影
8. 1991 年在青岛参加国家外文局组织的外宣工作会议与参会同学合影
9. 与同学和老师在天安门城楼合影
10. 转业后回地方工作证件照
11. 1987 年在香山公园
12. 2002 年送女儿赴德国留学时在北京合影

13. 2014 年退休前夕
14. 2015 年退休后在北京
15. 退休留影
16. 2024 年重返北大庆祝北大建校 126 周年，在未名湖留影

《岁月印记》序

在人生的长河里，会遇见形形色色的人，经历各种各样的事。这些曾经的遇见，大都随着时间的流逝逐渐淡去，而那些上了头、进了脑、入了心的人与事，哪怕只是在瞬间发生的，却永不磨灭，在你的生命中产生深刻的影响。这就是岁月留给我们的印记。每个人或多或少，或深或浅都有这样的印记。我也是。

本书就是我对过往岁月那些难以忘怀的人与事的记录。现在把它“呈现”出来，既是回顾过去，也是照耀未来。

本书分为“感恩从前”“致敬师友”“序跋集萃”三个部分。第一部分“感恩从前”，共收录了8篇散文，其中大部分是近些年写的。这部分篇目虽然不多，但时间跨度挺长，差不多从我记事起的《一毛钱》到《我为什么写〈北大外宣一期学子〉》，时间跨度有60多年，基本上跨越了我的大半生。在这8篇文章中，《写在雪地的脚印里》讲述的是父亲对我一路成长的关爱、支持、教育和培养以及我对父亲的深情怀念;《一毛钱》赞美了路遇的好人和我母亲在一件小事中所体现的善良品质;《工作同志》歌颂了20世纪50年代到60年代中期的党群、干群关系；而《难忘的两次站岗》《我与八一飞行表演大队》《勇者脚下必有路》和《导弹即将腾空》叙说的则是我从军时期记忆最深的几件事。

我在人民空军度过了人生最宝贵的阶段，我美好的青春年华是长年穿着绿上衣蓝裤子的。在空军13年的时间里，我大部分时间从事新闻工作，曾在军内外发表千余篇新闻作品和文学作品，采写过航空兵、高炮兵、雷达兵、导弹兵和机关人员，其中有许多先进模范人物。我从众多的人物与事件中，选择了为首长和访华的外国领导人站岗的经历、与八一飞行表演大队的故事、采访侦察航空兵首闯超低空训练、随地空导弹部队赴西北某基地发射导弹等这样具有代表性，有特殊意义的几件事，以表达我对军旅生涯的感怀，对锻炼我成长的人民空军的感恩之心。

《从天安门广场到天安门广场》侧重表达了爱国之情和对伟

大祖国的赞美。此外，这一部分还收录了《我为什么写〈北大外宣一期学子〉》一文，这是我在北京大学国际政治系（现为北京大学国际关系学院）赠书仪式上的发言。此文“说来话长”，还是长话短说吧。

20世纪80年代中期，我被单位推荐到北京大学国际政治系（现为北京大学国际关系学院）学习，这是党组织的信任，是时代赐予的机会。这次学习让我有了多方面的收获，班上所有同学都有这种体会。我了解到，在学习结束后的30余年中，同学们无论在对外宣传的岗位上还是转岗后，都做出了突出成绩，成长为所在地方和单位的中坚力量。一批同学走上了地厅级领导岗位，还有的成为省部级领导干部。我为同学们的成长进步而欣喜，为他们的事迹而感动。为弘扬我国首批北大外宣学子在我国对外宣传工作起步初期，为推动中国走向世界做出的突出贡献和奋力拼搏、开拓创新的精神，我创作出版了《北大外宣一期学子》的长篇报告文学。为感谢北大的教育培养，我们班在北京大学建校126周年、北京大学国际政治系建系60周年暨国际关系学院建院28周年之际，在北京大学国际关系学院举行了捐书仪式。会上我作了题为《从“爱国关天下”起飞》的发言，之后，我将此文稍作修改，标题改为《我为什么写〈北大外宣一期学子〉》，并将该文收录本书。一方面感恩自己生命中有一段最美的“与北大相遇”；另一方面表达对北京大学国际关系学院教育培养的敬意与感谢。

我不是时代的宠儿。20世纪50年代中期出生时，迎接我来到这个世界的是一场历史罕见的特大洪水。在我个人成长的路上没有平坦的马路，更没有鲜花地毯，酸甜苦辣都曾经有过，所有的“沟沟坎坎”一个也没有落下。

尽管如此，但我觉得自己又是时代的幸运儿：当同龄人上山下乡，我却在农村被“逆袭”招工，进城当了工人；当“无书可读”时，我刚好到了当兵的年龄，报名参军。起初，因家庭出身，政审没通过，又因我是在农村长大，养父母家代代贫农，根红苗正，让我穿上了军装；当许多同龄人荒废学业时，而我在部队刻苦学习，钻研写作，并取得一定的成绩；当转业干部回到地方难找工作时，我却被领导机关录用；离开学校参加工作多年后，我又被推荐到最高学府北京大学进修深造。回顾曾经走过的

“从前”，我实实在在就是一个“在夹缝中生存”的幸运儿。

过去的时光难忘怀，昔日的友情最宝贵。在时光里结成的友情是人生漫长岁月中重要而温暖的印记。

几十年来，从军队到地方，从基层到机关，我成长的过程中遇到过许多贵人。

集子的第二部分“致敬师友”，写的是有着精彩人生的三位文坛和外交名人。他们是我在不同时期结识，给我留下深刻影响并得到其帮助的领导、好友和师长。

当代散文大家刘上洋先生是我的老领导，他的官品、文品、人品让我敬重，他的业余文学爱好直接将他送上散文创作领域的高峰，成为在全国有着重要影响和较高地位的散文大家。上洋先生无论在地方当主官还是主政一个省的宣传思想文化工作时，都做了许多功在当代、利泽后人的大事。他的为官、为人、做事、作文的业绩与成就让我感佩。《感悟当代散文大家刘上洋》一文对上洋先生散文作品的思想艺术特征作了比较详尽的阐述，也穿插着对他从文从政的业绩与成就的简要介绍，让读者对这位“官员作家”有个全面了解。上洋先生在位时，我对他不曾有过什么赞美，现在我们都是退休十多年的老同志了，不存在“工作关系”“上下级关系”，无需“避嫌”。岁月积淀下来的只有敬重依旧，友谊难忘。

《大使夫人江西情》讲述的是司徒双女士的故事。司徒双女士原是北京外国语大学法语教授，是我国原驻摩洛哥大使完永祥的夫人。她出身名门望族，其父是受到鲁迅先生赞誉的著名华侨画家司徒乔，母亲早年是复旦大学的高才生。20世纪90年代初，司徒双女士随中国驻外使节团来江西参观考察，由于工作关系，我一路陪同使节团，认识了司徒双女士。此后，我们在很长的一段时间里有很多联系，现在我还保存了不少司徒双女士的来信。司徒双女士对江西有着特殊的缘分和感情，她利用她和丈夫完永祥大使在摩洛哥的巨大影响力，在非洲各国，在美国、加拿大和法国等地宣传介绍江西，不遗余力地帮助景德镇市在摩洛哥成功举办陶瓷展览，并极力促成景德镇市与摩洛哥莎菲市缔结为友好城市。

司徒双女士无私帮助江西的事迹让我深受感动。早些年我将她对江西友好感情和帮助的动人故事写成文章，被省内报刊和新华社等多家媒体采用，并获“振兴江西”一等奖。本书收录了此文，以表达我对这位曾在我国外交战线很活跃、有影响力、学养丰富并无私对江西帮助的大使夫人深深的感激与敬意。

我国20世纪50年代的天才、神童作家，被称为“大运河之子”的刘绍棠，是70年代末80年代初我初学创作时的授课老师。80年代初是一个人人都是文青的时代，文学创作风气盛行，我当年在北京当兵，在一个文学培训班上遇到了绍棠老师，此后我们保持着密切的联系，结下了深厚的师生友谊。

我写绍棠老师，是因为他在我成长时期对我的帮助和影响很大，那些美好的瞬间难以忘怀；也因为我离开北京后一直未能与他见面，留下难以弥补的遗憾。他离世后，我一直怀念他，前段时间，我专门去拜谒了绍棠老师位于北京西城区中南海西门府右街光明胡同的故居。我想：如果绍棠老师活到现在，我们应该会有更多的交集，会有更多感人的故事，可是，世上是没有“如果”的。我只有把深深的感激，写成一篇追忆绍棠老师的长文。

本书的第三部分是一组序跋体散文。主要有两类，一类是自己出版的散文及报告文学作品所作的序和后记，如《多彩的人生》《写给80后女儿》等四部作品的序和后记；一类是为战友的著作所写的跋文，如《蓝色的脚印》一书的跋。

我对自己有一个基本评价，即没有天分，但还勤奋。我写的许多文章包括一些在社会上产生一定影响的作品，如《为贺子珍寻儿记》《9.13凌晨：在尾随林彪出逃的直升飞机上》《新中国惩腐第一枪》等，其实功夫都在“八小时”之外，“业余时间”的突然感悟对我帮助极大，尤其是在散步和洗碗的时候，没有外界干扰，比较适合思考。比如洗碗，这是我主要的“家务劳动”。洗碗的时刻是思想最集中的时刻，往往是眼睛盯着往下流的龙头水柱，思绪慢慢收窄，眯细着眼，紧锁着眉头，精力集中在那一条小小的“水柱”上，脑子里想着文章的结构、过度等，有时“灵感”就随着哗哗的水流声不知不觉冒出来了，然后赶紧拿起手机或纸笔记下。家人们并不知道此刻我在想什么，只说我动作太慢，浪费了自来水。

除“散步”“洗碗”外，“失眠”也是我所谓“灵感”的主要来源。自己有了创作冲动或接到“任务”后，我常在夜深人静的时候，望着天花板“构思”，想起一句立即开灯记下来。但是一过深夜12点，脑子停不下来就睡不着了，躺在床上，辗转反侧，难以入眠，就这样不停地想，不停地爬起来开灯记录，有时一直到天亮。虽然没睡好觉，打的是“疲劳战术”，但文章出来了，也感觉心情轻松许多，有时我还真的“感谢失眠”。当然，这种“拼命”的做法并非可取，应尽量不用或少用。

对工作的“投入”，是我在几十年的工作生涯中养成的一个习惯。几十年来，对待工作，无论是日常工作还是代领导写讲话和文章，自己都会使出全身“解数”。那年，为了代领导写一篇序言，我自己多日泡在书店，在那时工资还不高的情况下，自费买来1000多元的书来进行学习研究，使得这篇“序言”备受称赞。这里需要指出的是，在机关，尤其是领导机关，代领导写文章或讲话是一种正常工作，是机关工作人员分内的事。写这类文稿，大文章或大报告有时是要搭一个班子集体研究讨论，一般的文章和讲话，有的是领导出思想、说观点，有的是作者独立完成后由领导修改。这就要求机关工作人员加强学习，有较高的综合素质，不仅要有写作能力，更要掌握全局、把握全局、站在全局高度、站在领导角度来“讲话”，这是需要在实践中长期学习磨炼的。否则，很难成为合格的机关工作人员。

序跋是一种从古代传承下来的散文体裁。趁着《岁月印记》出版，我将一组序言与跋文收拢“归队”（代领导写的序除外），一并发表，一是因为写作序跋是我从事文字工作的组成部分，每一篇的写作都是一次“分娩”，记忆难忘；二是因为这类序与跋能够提供给读者更多的信息量，读者可以通过这些序跋了解序跋所依附的书籍写作背景、缘起、结构、特色及其大致内容，使阅读获得更多收获。这是我的初衷和愿望。

以上我将本书的内容捋了一下，也是对本书的简要说明和导读，算是自序吧。

感恩从前

从天安门广场到天安门广场

我从很小就向往北京，向往天安门广场。

我一度将天安门广场等同于北京，视为北京的代名词，北京就是天安门广场，天安门广场就是北京。

在我幼小的心灵里，北京和天安门广场是那样的庄严神圣，具有至高无上的地位，它是我们伟大祖国的象征，彰显着国家和人民的荣耀与尊严。那时，没有电视，只能在歌曲里、广播里、电影里、报纸上和阅兵游行的庆祝活动中了解。每当听到看到天安门广场，心中就情不自禁地振奋起来，感到有一股力量。到北京天安门广场看一看，在天安门广场照张相，留个影，成为儿时一个遥远而甜蜜的梦。

18岁那年，我盼到了一个去天安门广场的机会，但擦肩而过。

记得那是1972年12月20日傍晚，我应征入伍，跨上了北上的列车。那时，新兵入伍乘坐的都是那种内燃机绿皮闷罐车。我们这批北空某团的新兵，12月17日晚，在市民们自发的热情欢送的掌声、锣鼓声和鼓励声中，从南昌火车站出发，一路向北，经过三天三夜的行驶，终于到达了北京永定门站。

永定门站是一个老站，是1897年清政府兴建的，当时叫马家堡火车站，1902年改名为永定门站，1988年，永定门站正式更名为北京南站。当时的永定门站，主要是以慢车的中短途客运列车为主，是北京开往天津、河北、山西、内蒙古、山东等地的重要站点。

永定门站也是一个接待过往军列的“兵站”，许多过往运送新兵老兵和部队训练的军列，基本上都要在此停留、修整、转运或就餐。我们到这里停留，一方面是休整就餐，另一方面可能是给其他列车“让路”。但我们要到什么地方去，目的地在哪里？当时一概不知，带兵的领导只说我们是北空新兵某团的，但新兵某团不是一个正规的建制单位，没有具体的驻地，也没有列入部队战斗系列，只是当年征兵时接新兵到部队的一个临时番号。

到达永定门站后，接兵首长告诉我们，预计要在这里停留6个小时，并叮嘱大家原地休息待命，不要走远。听说要在此停留6个小时，有些新兵便激动起来，大家首先想到的就是要到天安门去，目睹一下举世闻名的天安门广场。

我当然也很想趁这个机会去到祖国的心脏天安门广场看看，感受祖国跳动的脉搏。其实，从永定门到天安门就5千米左右的距离，当时也有公交车，去广场转转回来完全来得及，但想到带兵领导交代不要走远，我不敢擅自离开，短暂的思想斗争后，决定原地待命，而有些胆大的新兵兴高采烈地去了广场。

我们在原地休息待命的新兵，为了打发时间，自发地组织开展起了各种游戏活动。我们这几个闷罐车皮的南昌兵，都是从工厂应征入伍的城市兵，一些有特长的新兵还在广场弹琴吹笛、表演武术、唱歌跳舞，大家自寻快乐。我记得很清楚，新兵中有个叫周雪云的，他来自江西洪都机械厂，就是现在的南飞公司，他能歌善舞，在车站广场跳起了当时全国都在传唱的《为伟大祖国站岗》的舞蹈——“手握一杆钢枪，身披万道霞光，我守卫在边防线上，如同站在天安门广场……”这铿锵有力、昂扬激越的旋律和他的单人独舞，虽然过去了50多年，但至今记忆犹新。

等待的时间过去了，去天安门广场玩的新兵也回来了，看着他们高兴满足的样子，我很羡慕。

火车又启动了，继续北上，开往我们不知道的地方。此时我的心里却感到十分遗憾，因为没有看到天安门广场，而且不知何时才有机会去天安门广场了。

列车在茫茫的华北平原走走停停，又过了两天两夜，终于在山西大同怀仁县停下了。这里是雁北高原，广袤的原野，冰封雪盖，将近零下30摄氏度的气温，滴水成冰，呵气成霜。我们来到了空军大同机场的驻地，这里是我军旅生涯启程的地方。

雁北地区处于山西的北部，所辖大同、朔州等13个县。20世纪90年代初实行市管县，雁北地区作为行政区划被撤销。雁北属高原地区，海拔在2000米左右，当时的气候和生态环境都比较差。我在雁北的空军部队待了一年半，在严寒的积雪里，在漫天的风沙里，我仍然精神饱满，斗志高昂，豪情满怀，因为胸中始终有信念和理想的照耀，心中始终装着那遥远的梦中思念的天安门广场。每天清晨，部队的高音喇叭会按时播放《北京颂歌》，每当听到这首歌，我就觉得有一股力量，就会想起天安门广场，有时还会暗自加油鼓劲，将歌词改为：我站在雁北高原，如同站在天安门广场……

命运总是眷顾那些有梦的人。1974年春夏之交，我被调到了驻北京的空军部队，虽然对老部队有所不舍，但心里还很高兴，毕竟调到首都北京，可以很方便地看到天安门广场了。

第一次来到盼望已久、朝思暮想的天安门广场是1974年8月初。那天，碧空如洗，阳光灿烂，万里无云，我换上了一身崭新的军装，脚穿解放鞋，肩挎一个军用挎包，这是一个当时标准的军人装束。我怀着期待和激动的心情，来到了广场。偌大的天安门广场在金色的阳光照耀下，显得格外雄伟壮丽，耀眼夺目。

伫立在广场中央，面对气势雄伟的天安门，看着矗立在广场中央的人民英雄纪念碑，我百感交集，思绪万千。这座中国古代建筑的瑰宝，历经数百年的风雨沧桑，见证了中华民族历史的辉煌变迁。这里曾上演过封建王朝的兴衰更迭；见证了中国人民为争取民族独立、人民解放而英勇斗争的历史；记载了中国人民不屈不挠的革命精神和大无畏的英雄气概。站在广场上，我仿佛听到开国大典时，站在天安门城楼上的毛泽东主席向全世界宣告“中华人民共和国中央人民政府成立了”的铿锵的力的声音，听到开国大典隆隆的礼炮声、广场阅兵式上威武雄壮的人民解放军正步通过天安门广场时震耳欲聋的步伐声，还有百万首都群众载歌载舞大游行的欢呼声。那首曾听过无数遍的悦耳动听、雄浑有力的《北京颂歌》仿佛又在耳边回响：“灿烂的朝霞，升起在金色的北京，庄严的乐曲，报道着祖国的黎明…… ”

我在广场靠西侧的位置，请广场摄影师拍下了平生第一张在天安门广场的照片。

这是一张普普通通的2寸黑白照片，那时基本没有彩照，有的人将照片做成彩色，多半是自己用颜料弄上去的，我在部队当新闻干事时自己试过洗彩照，但效果并不好，往往是弄巧成拙。当然试洗彩照用的是其他照片的底片，天安门广场这张不敢随便动，它是我的“镇馆之宝”。

此后，我无数次地路过天安门，每一次景仰之情总会油然而生，但再也没有单独在天安

门广场拍照了。因为有了这张当时怀着十分虔诚的心情拍下的珍贵纪念照，即使后来我在北京大学学习时，与同学和老师登上天安门城楼，大家在城楼合影，我也没有去广场拍照。

自那时起，这张照片藏在影集里，也藏在心间。无论我调动到哪里，这张照片必定会带上，因为它凝结着我对祖国的爱，凝结着一份厚重的情感，记录了我爱北京天安门的心路历程，也是一份美好的记忆。

岁月的流云，风化了许多事物，但却退不掉我在天安门拍这张照片时激动的心情。

一天又一天，一年又一年，弹指间，45年过去了。

时间到了2019年，这时我退休随女儿移居北京也有近5年了，从血气方刚的青年，变成了霜染两鬓的花甲老人。

那年正值国庆70周年大典，也是我第一次在天安门广场照相45周年。为了纪念这个特殊的时刻，国庆前夕，我同老伴一早来到了天安门广场，站在45年前曾经拍第一张照片的地

方，拍下了我在天安门广场的第二张单独照片。

这是历史的回响。

这是命运的重奏。

这是时代的回音。

这是时光的合唱。

科学告诉我们：宇宙在时间和空间的运行是有规则有定律的，但它永远不会回到原点。

哲学告诉我们：人类在地球上运动是能够并且可以回到原点的，但它绝不可能是简单的重复，它是一种否定之否定，是螺旋式的。就如同上一年的庄稼只要留下一些种子在下年度播种，就会又是一丰收年。

朋友，如果我们通过第一张照片到第二张照片的时光隧道，去追寻这45年的历史轨迹，那是多么的令人震撼啊！这期间的变化真可谓是天翻地覆，地覆天翻啊！

现在，让我们从天安门广场出发，去领略这期间巨大的、梦幻般的变化吧！

首先，广场本身的变化是巨大的。虽然广场还是那个世界上最大的城市中心广场，还是那个面积44万平方米、东西长880米，南北宽500米的广场，但与45年前比较，许多地方有着重大变化。

那时的广场，南边还没有建毛主席纪念堂，显得空间更大；那时的广场，游人不多，三三两两的外地人或外国人在广场照几张相，留个影就走了；那时的广场，游人不需要预约，更不需要排队安检，可直接进到故宫里面参观，是不要门票的，后来即使收费，也只是1角两角；那时的广场，更没有现在每天隆重的升旗仪式。据有关资料记载，天安门广场每天的升旗仪式是从1976年5月1日开始的。在这之前的27年间，即从1949年10月1日开国大典，毛主席亲自升起新中国第一面五星红旗之后，天安门广场日常升旗的任务，便交给了负责设计其电力系统的北京供电局。北京供电局里也没有专业的升旗手，头两年北京供电局由工人陈红年承担这项工作，自1951年之后的将近26年间，当时年仅22岁的青年电工胡其俊承担着这个光荣而神圣的任务。

最初，不是天天升旗，只是在元旦、春节、五一、国庆等重大节日时升旗，晚上降下。升旗时，胡其俊天还没亮就抱着国旗来到广场，降旗后晚上再抱着国旗回家。当时没有升国旗仪式，长安街上来来往往的人也没人知道他是广场升旗手。直到1976年5月1日，升降国旗的任务由北京卫戍区接管，胡其俊从此离开了这一岗位。

北京卫戍区接管后，天安门广场改为每天升旗。但仍旧没有隆重的仪式，仅有两名战士，一人扛旗，一人护旗，并肩而行。通过长安街时，还需要给经过天安门的自行车和行人让道。

1982年，北京卫戍区警卫二师改编为北京武警总队，武警开始进驻天安门广场执勤，当年12月18日，天安门广场出现了国旗班，这才有了真正的升国旗仪式。整齐划一的国旗班开始受到人们的关注，逐渐有人驻足观看升旗仪式。

1992年2月，经国务院批准，国旗班扩编为国旗护卫队，由36名武警官兵组成。每月逢1日，还有60名军乐队员在现场演奏国歌，平时则播放录音。每天有上万人现场观看，重大节日甚至有十几万人观看，在天安门看升旗仪式成为很多人的梦想。

2018年1月1日，经中央批准，由人民解放军担负天安门广场升旗仪式任务。每月的第一天，36名官兵增加至96名，平日增至66名。

如今，许多来京的人，都会怀着神圣的心情，在天安门广场观看这场全球规模最大的升旗仪式。观看升旗仪式，成为北京一道靓丽的人文景观，成为一种专属中国人民的特有的浪漫。人们在这个庄严的升旗仪式中，感受着对国家的认同和对民族的自豪。

天安门广场的变化只是祖国巨大变化的一个缩影，如果我们放眼全国，不需要多想，这45年的变化是多么令人难以想象，多么不可思议，令世界震撼啊！

45年间，我们国家的变化是全方位的，涵盖了政治、经济、社会、文化等多个方面，无论在政治、经济、文化、教育、科学技术和人民群众生活等方面都有一个令人振奋的巨大飞跃。

我们从政治挂帅到改革开放、以经济建设为中心的变化中走来；经历了从商品经济、计划经济到市场经济的转变；感受过企业改革、下岗分流的阵痛；见证了香港、澳门的回归；看到了从“只生一个好”到放开二孩的计划生育政策调整；亲身体验了从“老四件”（即手表、自行车、缝纫机和收音机）到“新四件”

（即彩电、洗衣机、电冰箱和录音机）再到空调、家用电脑、家用汽车和移动电话等现代化电器的普及和生活质量的改善；看到教育从推荐上大学到高考的教育制度的改革；看到了国家在铁路建设、公路建设、航空运输、水路运输、城市交通、综合立体交通网建设的辉煌成就；我们笑傲我国在航天、信息、生物技术等领域取得重大突破以及互联网、移动支付、人工智能、新能源等前沿科技领域取得重要进展，成为全球科技创新的重要力量；感受到我国国防建设的巨大成就，歼-20、航母、核潜艇、洲际导弹等一批国之重器问世，给中国和世界带来和平与安宁。

45年来，我国的经济发展势头强劲，GDP快速增长，从1974年约30亿，到2019年近百万亿，位居世界第二。

45年来，国际形势风云激荡，在动荡不安的世界中，我们正经历百年未有之大变局……

虽然这些发展变化给每个人的感受与体验不尽相同，也由于所处环境和地位不同，人们的认识也许有偏差，但这些变化却是客观的，实实在在的。一个不争的事实是我国经济社会发展取得辉煌成就，人民的生活质量得到全方位的提升，我国比历史上任何时候都更加接近中华民族伟大复兴的宏伟目标。

像天安门广场和国家巨大的变化一样，我自己的工作生活在这45年间也发生了难以想象的巨大变化。我从农村到工厂，从一个普通的学生、工人、战士到干部，从军队到地方，从基层到机关，从跨大军区到跨兵种的调动，从在北方工作到跨区域调动到南方。几十年来，大大小小的工作调动几十次，在党和人民的培养教育下，自己逐渐成长为负有一定责任的党的基层干部。2015年，我在工作了46年之后正式退休，回到了我曾经工作战斗过的北京，雄伟壮丽的天安门广场就在我的身旁。

移居北京后，我依然一有机会就去看天安门广场，不是去照相留念，而是去感受那份神圣与庄严，去领略大国的风范，扩展自己的胸怀与格局。

退休后的日子仍然在忙碌中飞逝，然而，一个历史的奇妙安排出现了。

2021年夏，距我在天安门广场拍第一张照片47年之后，天安门广场再一次搅动了我的心绪，心中又一次升腾起久违的兴奋与激动。

这一次的主角不是我，而是我的外孙。

那年，小外孙7岁，刚上小学一年级，班上的家长们自发组织孩子们去天安门广场，看升旗仪式并到故宫国旗护卫队参观。

孩子很是高兴，我也十分高兴，想着孩子即将要到我47年前朝圣的地方去感受和体验，去接受爱国教育，家国情怀将在第三代赓续，我既欣慰又激动。

约好了6月5日清晨看升旗仪式和参观国旗护卫队，由于孩子们住得分散，集合地点离天安门广场有一段距离，必须提前几个小时出发。

凌晨2时30分，我被闹钟叫醒，女儿和外孙已经起床了。

黎明前的北京停止了喧闹，街上显得很静，人们还在熟睡中，路上的车辆与行人稀少，我和女儿与外孙三代人头顶繁星皓月，由女儿开车前往孩子参观的集合地。本来，有女儿送就行了，我可以不来，但我想外孙去天安门广场，我一定要来加油助威！我想，在这静静的深夜，有我这个曾在北京工作战斗过的老兵“护航”，女儿和外孙也会踏实些。此刻，我没有倦意，心情同47年前第一次到天安门广场一样。

凌晨3点零9分，我们到达了孩子集合的地点，送孩子们上了开往天安门广场的大巴车。

凌晨6时41分，灿烂的朝霞铺满大地，伟大的首都染上了一层金色，微信里传来了孩子们高兴地观看了天安门升旗的信息并与天安门国旗护卫队的合影，此刻，我的心儿随外孙飞到了天安门，飞到了天安门广场。

写在雪地的脚印里

一

漫天的雪花，借着风势，像脱缰的野马，在空中横冲直撞，整个村庄和田野，笼罩在一片银白的帷幕里。

这是刚刚跨入20世纪70年代的第一场大雪。

那年，我刚过15岁。迎着这场瑞雪，我将开启人生新的旅程，进城参加工作，加入领导阶级——工人阶级的行列。那个年代，这样的一种身份转变，是很令人羡慕的事，虽然那时我还只能算是一个“大孩子”，也搞不清未来会是什么样，但心里还是充满了期待和欣喜。

清晨，父母忙着为我出行做准备，母亲给我做了一碗鸡蛋炒饭。那个时候，农家早上一般是稀粥加豆豉或咸菜，能享受这份“待遇”只有小孩第一天上学或大人出远门打工。父亲的表情有点“沉静”，他默不作声，在堂屋抽着烟，然后默默地给我打点行李。说是行李，其实就是一床被子和一个箱子。我记得被子是家里为我新弹的，被套是印有几朵红花的绸缎子，那是当时最好的面料；那个箱子是个木头箱，外表涂了一层当时流行的军绿色的漆，里面放了几件衣服。父亲用一根毛竹扁担挑着我的全部“家当”，领着我出发了。我清楚地记得，那根毛竹扁担父亲用了十几年，已由青黄变成褐色，扁担的一头刻着父亲的名字，另一头刻着“纪用”字样，那年头，乡亲们都是以这样的方式在自己的日用劳动工具上作这样的记号。

从我们村到省城有30多千米路，我们要到5000米开外的公社所在地乘长途汽车去省城。那时，没有公路，更没有现在宽阔的水泥和柏油马路，从村子通向公社所在地都是曲曲弯弯的田埂小道，遇到刮风下雨，道路泥泞，那就麻烦了，一不小心就会摔到田里或河塘里。那年月，常有小孩或大人摔到田里或掉入河塘而溺亡。

此时，父亲和我踏着厚厚的积雪，艰难地行走在弯弯曲曲的田间小路上，四周悄无声息，道路没有行人。凛冽的寒风卷着雪花，在广袤的田野肆无忌惮地横扫，打落在父亲和我的身上、头上，整个脸和鼻子、耳朵被寒风刺得像是打了麻药似的。父亲挑着行李，风一刮来，扁担两头晃荡，人也东倒西歪。在雪地行走，我们每走一步，脚下就会发出咯吱咯吱的响声，留下一行雪白的深深的脚印。

“崽呀，”父亲疼爱地对我说，“小心打滑，路上坑洼不平，踩着我的脚印走，以免踩进泥坑。”父亲走几步就要这样交代。“进了工厂，当了工人，不比我们农村。那里要求很严，要遵守纪律，听领导和师傅的话，好好学点技术，”父亲一边走一边继续说，“你参加了工作，已经长大成人了，离开了父母离开了家，以后遇到什么事就要靠你自己拿主意了。”我边走边听，没有答话，只是“嗯、嗯”地应和着，心里却在想，平日里父亲对我只是干干脆脆讲几句了事，并没有这么多话啊。“崽呀，”父亲好像打开了话匣子，似乎在这时想把肚子里的话都倒出来，“天下的父母都希望儿女能有出息，成为人才，以后不管你能做什么，都不要忘记好好做人这个根本。做人要厚道，实实在在，要讲良心，讲情义，要记人好处，懂得感恩……”

父亲语重心长，走一路，教一路，无边的旷野回荡着父亲和我踏雪前行咯吱的脚步声和父亲的嘱咐与叮咛声。

二

大雪覆盖下的弯弯曲曲的田间小路，宛若条条洁白的缎带缠绕着山野。父亲和我渐行渐远，雪地的脚印也越拉越长，脚印的那头连接着家门口，前方是一个待我去开启、去领略的未来新世界。

人总是这样，当要离开自己长期生活的熟悉的热土时，往往会强烈地思念过去。此刻，我踩着父亲的脚印向前行走，听着父亲的教诲，望着父亲挑着担儿艰难前行的背影，思绪回到了从前，这满天的飘雪，既飘来凛冽的寒气，也飘来了我在这片土地上、在父亲身边时的温暖的回忆……

父亲是我的养父。很小的时候，长辈们就告诉我，我出生在省城，是经人介绍后，父亲和母亲在我出生三天后抱养来乡下的，此后我一直生活在这里。十几年的农村生活，我与这里的乡亲已融为一体，我视这里为家，这里的山山水水，一草一木都在我幼小的心灵里扎下了根。

这是一方美丽诱人的土地。现在，它被大雪覆盖，披上了银装，田野沉寂了，树枝落叶了，小草枯黄了，可在这厚厚积雪覆盖的冰冷泥土里，那根系正在沉睡中孕育新的生命，待到冰雪消融，它顽强地拱出地皮，就会给大地披上一层新绿，带来盎然生机。当夏日来临的时候，那村前的河塘里大片大片盛开的荷叶荷花，组成了绿色和花的海洋，在太阳的照耀下，正是“接天莲叶无穷碧，映日荷花别样红”。到了秋天，一望无际的黄澄澄的稻田，一起一伏，翻腾着滚滚金波，恰似一幅金色的画卷。

在这里，我度过了无忧无虑的难忘的童年，我喜爱这里的每条河流和小溪，那清澈见底的河水溪流，可以放心直接饮用；小时候，我和小伙伴们赤裸着身子在田间游玩，随时跳进河塘冲凉洗澡，我记得曾有过一天洗20多次澡的纪录，真是痛快淋漓；在这里，我与小伙伴们打陀螺，玩泥巴，捉迷藏，下河捉鱼抓虾，堆雪人打雪仗，玩得开心极了；在这里，我们围在门前广场，听老乡说三国、水浒，讲岳飞、花木兰、穆桂英、薛仁贵等历史人物的传奇故事。这里的山水树木，这里的乡亲，这里的每一块土地，我是那样的熟悉，是那样亲切，还有那村里的明清建筑，村后古老的樟树，农户家里的炊烟和村里老乡过年喜庆热闹的年味，这些流淌在灵魂里的浓浓乡愁，在此刻我将要离开时突然“发酵”，成了醇厚的思念和回忆。

最凝重的回忆还是童年在父亲身边的往事。

乡愁和家乡的景色像香醇的美酒，而在父亲身边的日子让我感到幸福与温馨。

父亲是一位普通的农村干部，是中华人民共和国成立后农村第一批发展的老党员，土地改革初期担任乡长，后来农村实行“扩社并队”，父亲一直任大队书记。我感到父亲这一代的农村干部，作为党在农村的骨干力量，为巩固党的执政基础和新生的红色政权是有贡献的。在我的记忆里，父亲年轻时长得标致精干，是个美男子。他文化不高，旧社会因家里贫苦，上不起学，只读了几个月的私塾，还是新中国成立后，靠自学认识了一些字。虽不知书，但他聪明达理，爱憎分明。他善良正直，重情重义，知恩图报的美德和品质给我以深刻印象。父亲这一辈人是从旧社会走过来的，吃过不少苦，爷爷在父亲十几岁时就去世了，家里的所有的担子都压在小小年纪的父亲身上。小时候常听父亲讲述旧社会的苦难经历，讲述在艰难困苦中的好心人如何帮助他，给他生活救济，教他耕田犁地，他常对我们兄弟姐妹说“滴水之恩涌泉相报”，不要欠人家的人情，要懂得感恩，永远不要忘记帮助过你的人。

当了农村干部的父亲把获得翻身解放后的感激都用在工作上，几乎顾不上家，家里所有的家务都由母亲承担。我非常喜欢父亲工作时的样子，他抓春耕春播、抓夏季“双抢”、农田水利、组织生产检查，干的是那样欢，好像有使不完的劲。记得小时候，我特别喜欢听父亲与上级来的工作组谈工作。那时，常有省里或市里县里的科长、局长、部长来农村，或组织兴修水利，或指导春耕生产，或开展路线教育，当地老百姓不知道他们的姓名和职务，就统称他们为“工作同志”。有时父亲和“工作同志”交谈，我就在一旁边玩边听，久而久之，有的“工作同志”与我也成了“朋友”，并在后来很长时间保持着联系。

父亲爱工作，爱家庭，爱子女。我们家姊妹多，父亲一方面对我们喜爱有加，另一方面又严厉管教，尤其是对我。那时，弟弟还没出生，家里就我一个男孩，而我天性好玩调皮，在这一带顽皮是出了名的，成了“孩子王”。因为顽皮淘气，常常挨打，在几个姊妹中，我是挨打最多的。长大后，父亲曾多次不无愧疚地说：“你小时候挨了不少打，那都是为你好，是记恩记仇就由你了。”我虽然不会忘记自己小时候挨打的往事，但我理解父亲。在我为人之父后，也曾多次打过独生女儿，虽然觉得“打孩子”不是教育的好方法，但有时“气”一上来，也难免使用“武力”，这或许是很多家庭在教育子女方面存在的问题。

那些年，生活虽然艰苦，文化生活远不如现在，但人们的精神饱满，干部群众都是如此。父亲在轻松和高兴的时候也会哼几句小调，我感到这时候的父亲比平时更可爱，更温情慈祥。给我印象最深的是父亲喜欢唱南昌采茶戏《蔡鸣凤辞店》，心情好的时候就会唱几句。那时《蔡鸣凤辞店》这出戏在农村似乎很流行，男男女女都会哼几句，虽然没有多少人唱得准确，我分析大家津津乐道的可能是剧中主人公“婚外情”的故事。

在我的印象中，父亲会唱的歌不多，没有几首能从头到尾唱全的。但他对《洪湖水浪打浪》却唱得很好，不知是从哪儿学的。我第一次听到这首歌就是从父亲那里听到的，也是父亲教会的，记得父亲教我唱这首歌是在一个晚霞映红西边天际的傍晚，当时我在村西头的路边玩耍，远远望见父亲的身影，他去宜春行署开完“三级干部会议”回来，那时南昌县属于宜春行署管辖。我迎面跑过去，父亲拉着我的手，一边走一边教我唱，像老师教学生，唱了几遍又让我试唱，直到我基本学会。

父亲作为基层单位的农村干部，经常会参加各种形式和规模的会议，但我感到父亲这次开会回来格外高兴。可能是父亲认为我“懂事”了，回到家后对我说，这次专区会议，介绍了上饶玉山县养猪的经验。这是我第一次听到江西有个叫“玉山”的县。父亲说:“玉山经验好，田亩一只猪，实现了全社满堂红。”打这以后，我就经常听到父亲讲这句话。不久，全村全大队全社的社员都记住了“田亩一只猪，全社满堂红”，并成为各社队学习和努力的方向。也就是在这一次，父亲给我们几个孩子一个意外的惊喜，他在讲完玉山养猪经验后，打开提包，拿出了一瓶橘子罐头，这是父亲第一次也是唯一一次给子女从外地带来这么好吃的东西，我从来没有吃过。许多年后，我们几个姊妹还常说爸爸那次买的橘子罐头真好吃。如今几十年过去了，我尝过无数种水果，名贵的、进口的都有，但都没有当年父亲的那瓶橘子罐头那么甜，回味那么长。

风还在刮，雪还在下，我沉浸在甜美的回忆中。心头的温暖甜蜜与眼前冰封雪盖的大地气温形成了强烈反差。我和父亲继续向前走，洁白弯曲的小路上，新的脚印在不断延伸……

三

父亲从雪地起步把我送进了青春的梦想；我从雪地出发，开始了漫漫人生之路。

父亲追踪着我的人生成长进步的脚印，以新的方式更加深沉地默默注视、关心、教育、引领着我，用伟大的父爱送我在人生的道路上远行。

刚进工厂的那阵子，每次回家父亲都要关切地询问我习惯不习惯，工作怎么样，与同事相处如何，学到了什么技术。教导和嘱托我要尊重领导和师傅，和同事搞好关系，有时厂里的师傅或领导来家里，父亲还要详细了解我在工厂的表现。

1972年底，我在工厂学徒刚满三年，正好到了可以服兵役的年龄。青春在召唤，我向往军营火热的战斗生活，想到部队这所大学校锻炼自己，就“瞒”着父母报名去当兵。本以为这么大的事没和家里商量擅自作主，父母会不高兴，我做好了准备挨父亲的“批”。没想到父亲知道后，非常支持，说：“这是好事啊，好男儿就要有志向。”父亲嘱咐我在部队要好好干。离家的那天晚上，父亲与我进行了一次长谈，他告诉我，当年他也很想跟随解放军部队当兵，因为爷爷奶奶就他一个独子，极力反对，没有去成，一直有点后悔。说到这，父亲转过话锋，拉着我的手鼓励我：“孩子，当兵是很光荣，但部队生活艰苦，要有吃苦的充分思想准备。”临行时，乡亲们为我举行了隆重热烈的欢送仪式，那情景我至今历历在目，每当想起，心中便会涌起阵阵感动。

那天，初冬的阳光照耀大地，分外温暖。一支由几十人组成的文艺小分队在村前广场举行专场演出。这是我所在的工厂为欢送我应征入伍专门派出的由工人师傅组成的业余文艺演出小分队，来我家进行的专场演出。成百上千的亲友和乡亲抬着鞭炮为我送行，浩浩荡荡的送行队伍敲着锣鼓，载歌载舞，放着鞭炮。我和父亲走在队伍的前头，父亲一边走一边低声嘱咐我到部队后不要记挂家里，好好干，不要辜负组织和乡亲们的希望。父亲的嘱咐话语和鞭炮声，震响在田间地头，更震撼在我的心间。

我当兵的地方在靠近内蒙古的雁北高原。那时交通不便，信息闭塞，内蒙古和雁北这样的地域概念，对南方人，尤其是对南方农民来说，好似天边那么遥远。离开家乡后，我在异乡一待就是十几年，父亲总是牵挂着我，不断嘱咐鼓励我，在与家里的数百封书信中，结尾总是重复着“望努力工作，家里一切都好，勿念”。虽然这期间家里遇到了各种情况和困难，但父亲为不影响我的情绪，总是“报喜不报忧”。

有人说，父爱是一种深沉而广阔的情感，你在人生路上成长，他总是在幕后为你默默地付出。

那一年，我在组织的关怀培养下得到提拔任用，父亲为我的成长进步高兴的同时，也不忘提醒我要谦虚谨慎，努力工作，不要辜负组织的信任和培养。他多次对我说，现在风气不太好，有些干部以权谋私，老百姓对党和政府有许多怨言，父亲嘱咐我不要受不正之风影响，要遵守纪律，堂堂正正做人，老老实实做事，干干净净做官。父亲还对我家的亲友和兄弟姊妹说，要他们支持我的工作，有什么困难和问题自己想办法克服解决，不要给我增添麻烦和压力。

那一年，我还在北方部队服役，家乡发了大水，农村一涨水，田地被淹，粮食蔬菜都会歉收，农民的日子就难过了。我们家也是一样，父亲虽然当了那么多年干部，但他从不会去利用职权揩公家的油，沾公家的“便宜”，更不会去做影响干部形象的事，因此我们家的日子并不比一般老乡好。本来我当兵后，按政策规定，军属关系可以转到农村，其他同类人员都转了，每年可以享受几百元的军属代耕补贴，那时的几百元钱对农村家庭是很可观的，能解决生活中的不少问题。可父亲不同意转，就这样苦苦撑着。如今家乡涨水，原本就很拮据的家境更是捉襟见肘，加上那年母亲身体不好，生病住院，急需钱用，在如此困境下，父亲怕影响我的情绪，没有写信告诉我，而是自己在亲戚朋友那里东拼西凑借了点钱渡过难关。我能够想象父亲当时的心情，也能想象家里当时的困难程度。事后父亲也一直“瞒”着我，还是时隔多年后家人谈起这件事情时，我才知道家里曾遇到这么一段艰难的日子。

那一年，父亲患了肝脓疡，高烧不退。这种病是由于受到细菌感染而肝脏防御能力下降形成的，虽然不是常见病，但还是比较容易检查出来的。倘若没能及时发现和正确的治疗，死亡率也比较高。由于农村医疗技术落后，很长时间都找不到病因，为了省钱，父亲又不肯去城里的大医院检查，病了将近一个月，家里急得团团转，差不多到了病危阶段，才不得不进医院。当时，我还在外地工作，为了不影响我的工作，父亲一直不肯让家人告诉我。后来，我正好回家探亲，在回家前夕，还收到家里“一切都好，勿念”的十几年一贯制的平安家信。等我到南昌往家赶的路上，才知道这时的父亲，正躺在医院打吊针抢救。

望着躺在病床上脸色惨白的父亲，我哽咽了，为父亲的重病，更为他博大的家国情怀。

几十年来，我一路走来，从工人到战士，从当干部到担负一定责任的领导，成长的每一步都嵌入了父亲深邃的爱。

这种爱，是一支无声的歌，只有放到心中细细品味才能感触到；这种爱，是一首深沉的诗，你在默默地读，泪在心里头流……

四

带着父亲的深深嘱咐和殷殷希望，我跋涉在漫长的人生路上。

我不曾忘记在我人生启航时，父亲顶风冒雪为我送行的情景；不曾忘记父亲的几番嘱咐与叮咛。它像一台永不熄火的发动机，推动着我在人生的道路上前进；像一座航行的灯塔，指引着我前进的方向；像长鸣的警钟，时刻在我耳边响起。

在父亲的那些嘱咐和叮咛里，我懂得了父亲的心愿就是希望我做一个于国家于社会于人民有用的人，做一个有良心、有责任、有担当、不忘本、懂感恩，真正算得上是人的人。

几十年来，我一直在践行，努力书写让父亲满意的答卷。

从我走上工作岗位后，中国大地开始发生前所未有的深刻变化，从政治挂帅到以经济建设为中心，从所有制形式到经济发展方式，从管理体制到人们的思想观念，人在变，社会在变，宣传的声调也在变。在这纷繁复杂、红尘滚滚、眼花缭乱的世界里，在这浮躁喧嚣、尘土飞扬中，父亲的嘱咐与叮咛时刻提醒我：千变万变，人的本质不能变，本色不能丢。我时刻告诫自己：人生是一张不能回头的单程车票，每一场都是现场直播，必须走好每一步。无论世界发生怎样的变化，我内心保持着清醒与镇定，保持“知足”“感恩”的心态，专心做好自己应该做的事。不管自己在什么岗位，“地位”有什么变化，时刻想着自己原本就是一个百姓。我记着一位哲人的话：人就像树一样，越是想往高处走，向往高处的阳光，就越要像树根一样，扎入深层的地底。

回望自己几十年走过的脚印，就像当年父亲和我走过的那条雪地小路，虽然弯弯曲曲，高低不平，但步履还稳，方向没偏，总在向前。

五

我又一次回到故乡，走在当年父亲和我在雪地走过的小路上。这次是专程送父亲远行。

父亲的脚印永远停住了，停在2013年的春天。

那天，我到海南出差，临行时，我对父亲说等我出差回来，我们全家来祝贺你86岁的生日。到达海南的那天深夜12点，突然接到家里电话，说父亲突发心脏病，正在医院抢救。我心里

“咯噔”一下，惊呆了，担心上了年岁的父亲难过这一关。想到在接到家里电话的几分钟前，我在宾馆房间听到走廊里突然传来几声咳嗽声，父亲经常会这样咳嗽，而且这声音与父亲的声音像极了。我想：这个世界在最亲的人之间是否会有一种超越空间与距离的心灵感应呢？这几声咳嗽，会不会是父亲在生命垂危之际还要给我嘱咐与叮咛呢？当我带着焦虑和担心赶到了家里时，父亲那颗顽强的心脏永远停止了跳动。

送别父亲的日子，正是父亲86周岁的生日。那天，天阴阴，地沉沉，细细的雨点像千万行泪珠挂满了天幕。前来为父亲送行的成百亲友和乡亲，身穿雪白的长褂，仿佛披上了一层薄薄的雪花，这“雪花”组成的长长的队伍，行走在乡间小路上，恰似当年的雪地，那么耀眼，那么冰寒。我们全家和亲友含着悲痛，含着泪水，沿着当年父亲和我走过的小路，泣声唱着《祝你生日快乐》，送父亲最后一程，没有风儿吹，没有雪花飘，只有绵绵思念涌心头……

我与八一飞行表演大队

每当党和国家在天安门广场举行重大节庆活动时，我们都可看见空军八一飞行表演大队驾机从天安门广场上空飞过，接受党和国家及全国人民检阅的威武雄姿。此时此刻的我，不仅对祖国的日益强盛和人民空军的日益强大由衷地赞叹，更会从心底里油然而生一种亲切感、光荣感！

这支名扬天下的“空中仪仗队”，当时被称为“空军护航表演大队”，1987年重新命名为“八一飞行表演大队”，其人员来自全空军飞行员中的佼佼者，主要担负着对外迎宾和礼仪特技表演飞行。

我非常熟悉这支有“国家大礼”

之誉的飞行表演大队。它在军改之前隶属于空军航空兵某师，而空某师是我当年所在的老部队。

1972年底，一列满载新兵的闷罐车，从南昌出发，经过五天四夜的行驶，将18岁的我拉到山西大同，在驻大同空军部队待了一年后，1974年春，我奉命从雁北高原调到位于京津地区的空某师，在这里，整整生活工作了7年。其间，在空某师政治部任新闻干事多年。我们师政治部宿舍与表演大队飞行员宿舍都是红砖平房，并且紧挨着，每天都可见表演大队飞行员们“地面苦练”的身影，训练和表演时，他们就将“地面苦练”的成果化为了“空中精飞”。那些年，我无数次看过他们的飞行训练和表演。飞机“打加力”通场发出的巨大轰隆声，天天在耳边震响，银鹰在空中时而俯冲，时而跃升，时而翻滚，四机编队、五机编队、七机编队、九机编队，空中开花、多机拉彩带等飞行表演动作，已构成我们日常生活的美丽图景和乐章。我们习惯了机场的飞机轰鸣声，也享受着经常出现在头顶上那一道道美丽的彩虹 。

在空某师生活工作时，我对表演大队领导和部分飞行员都很熟悉，曾多次采访过他们，先后采写并发表了《雄鹰奋飞震环宇》和反映时任大队长朱运迎事迹的《雄鹰向阳飞》等长篇通讯和特写。平常如遇到国家和军队有什么重大事情需要发声，我首先会想到表演大队并前去进行专题采访。

由于工作关系，我曾先后数十次与表演大队一起参加迎接世界数十个国家的政府和军事代表团。

最难忘的是1977年夏迎接墨西哥国防部长加尔万的那次活动。

当时，部里的专业摄影人员去干校了，领导让我负责这次活动的文稿和摄影。飞行表演结束后，加尔万部长一行将从机场乘车前去参观部队的家属工厂，按照事先的安排，我乘坐记者车应先期出发。那天，机场上的风较大，就在我准备上车时，我的军帽突然被风刮跑了，我赶紧去追捡，待我捡回帽子，记者车已开走了。这时，外宾及陪同的军委总部首长的车也已出发了。

此时，我正面临着被“甩”下的危险。顾不了那么多了，着急中，我对着正在行驶的车队伸手一拦，拦下的正好是我们师长的车。

这是我第一次执行这样的任务。我坐在师长车里，心里很是紧张，心里像蹦进了一只蛤蟆，扑通扑通跳个不停，感觉自己都能听到心跳的声音。我心里忐忑不安，心想：这下砸锅了，等着挨批吧。待我们到达参观地，正好迎面碰上了前来陪同加尔万部长的军委原总参谋部张才千和何正文两位副总参谋长。我猜想，这时两位首长大概已经知道我被风刮掉帽子、使整个安排耽误了将近1分钟的事，但首长没有直接说什么，而是“逗我玩”。张才千副总长问：“小伙子，多大了？”我答：“23了。”张又问：“你会不会照相呀？”这一问，还真的把我问得有点蒙了。

说实话，那时我不太会照相（当然现在对摄影也不太懂），科里有几部相机，是那种老式的端在手上的120和135相机，平时只是从摄影干事那里借来玩一下。这次是因摄影人员不在，让我临时顶一下，我也是硬着头皮去顶的。因为是要接待外国重要军事代表团，为了防备操作上出现问题，我特意把120和135相机都带上了。虽然装备有了，但对于完成好拍摄任务，心里仍然没有把握。这事儿本来不说别人也不知道，更不会问起，谁料想，“捡帽子”惹出了麻烦。

“看你说的，人家不会照相，还挎两部相机呀？”正在我不知如何回答时，何正文副总长玩笑中带着调侃的味道对张才千副总长说。说完，两位首长同时开心地笑了。

一场由机场“风吹帽”节外生枝引起的让我尴尬甚至可能背上“思想包袱”的事儿，就在两位老首长的玩笑加调侃的“开心一刻”中化解了。

这件事，已过去40多年了，但它的每个细节都深深地印在我脑海里，虽然是我的一次意外“失误”，但每每想起还是感觉甜美和温馨。

这件事，也让我领悟到：胆大不一定是艺高。很多时候，胆子是被逼大的，比如我这次为外宾摄影，虽然艺不高，胆子可真不小！

这件事，更加深了飞行表演大队在我脑海中的印象，每当我看到“飞行表演大队”这几个字样或是看到他们的表演飞行时，就自然会想到当年机场的“风吹帽”；或者说，每当我想到曾经的机场“风吹帽”，便会想到飞行表演大队。

这件事，也让我感到了“大官”其实是很可爱、挺宽容的，尤其是对待下级和普通百姓。就像那次张才千、何正文两位首长，以“调侃一笑”的方式对待我的意外“失误”。我常常这样想，可能官越大越可爱，年纪大的大官则是最可爱的，他们往往会将逗着小青年玩，当作一种放松和享受，并且乐此不疲呢！

我的军旅生涯前后也只有十几年，不算很长，但人民空军对我的影响却是巨大的。在空军部队工作、学习、生活的点点滴滴记忆都是那么清晰，那么刻骨铭心！我想：我的这种军人情结，主要来自我对人民空军的感念；来自人民空军锻造了我“军人性格”；来自人民空军将勇往直前的雄风浩气注入了我的灵魂；来

自像八一飞行表演大队这样众多的英雄集体给予我一种作为军人的光荣感、自豪感！

我爱我的党！

我爱我的祖国！

我爱我的人民空军！

我爱我的八一飞行表演大队！

难忘的两次站岗

手握一杆钢枪，

身披万道霞光，

我守卫在边防线上，

为我们伟大祖国站岗……

20世纪70年代初，唱着这支歌，我当兵了。

当兵总少不了站岗。在应征之前，我脑海里无数次闪现解放军战士手握钢枪在天安门广场值勤，在边关哨卡、风雪高原、喀喇昆仑站岗巡逻的画面，也曾无数次的想象自己当兵后或守卫党政军领导机关和重要部门，或守卫南京长江大桥、武汉长江大桥等重要桥梁和设施，或在内蒙古、黑龙江等边境线上巡逻。

没想到自己“想多了”。由于我当的是空军，新兵训练结束后，我下连队被分配在空军地面保障部队通信营导航连，学的是无线电专业，没有站岗巡逻的任务。

有人说，没站过岗的兵不是真正的兵。也许为了让我成为一个真正的兵，在军旅十几年，站过两次不带枪的岗，而这两次执行特殊任务的站岗，却让我终生难忘。

第一次站岗是在1973年9月中旬，在我当时所在的大同机场导航连北4千米导航台。那一次站岗，主要是守护导航设备，保证周总理陪同法国总统蓬皮杜访问山西大同专机的安全。

每个机场都有导航台，它是为飞行服务的无线电导航系统中的地面基站，是一个无线电发射台。将发射的信号传递到空中飞行的飞机上，从而使飞机能够迅速找到机场的方位和自己所在的位置，因此有人说导航台是飞机的眼睛。

1973年9月，法国总统蓬皮杜应邀访华，由于蓬皮杜从小就听曾在大同做传教士的父亲说中国山西大同有个云冈石窟，因此他提出了访问大同的要求。也由于蓬皮杜是第一位访问中国的法国元首，是西欧国家元首中访华的第一人，中国政府对他的来访非常重视，据说毛主席亲自嘱咐周总理“要好好接待”。

大同机场其实不在大同。机场驻地在山西雁北地区怀仁县（现怀仁市）境内，距离大同市约有50千米。我们的导航台，驻扎在山西省怀仁县海北头公社一个叫高镇子的村旁，平时是不需要站岗的，但由于周总理要陪同蓬皮杜到访，各级对安全保卫工作十分重视，因此，要求我们导航台在总理和蓬皮杜到访大同前两天要昼夜站岗巡逻，以保证导航通信设施的绝对安全。

那次的站岗，不像普通岗哨，两个小时换一班，我们导航台也就三四个人，白天一班岗，守到天黑，晚上分前半夜和后半夜。站岗其实没什么事，就是在导航台周边不停地转悠观察，看看有无异常。主要任务和目的，都是要确保台里的通信设施安全，保证给总理专机输出准确的信号。

9月15日上午，秋雨过后的大同机场空气格外清新，灿烂的阳光下，一架由北京方向飞来的专机从“北四千”导航台上空掠过，安全降落在空军大同机场，那是敬爱的周总理陪同法国总统蓬皮杜来大同访问的专机。

专机安全降落后，我的站岗任务也随之结束了。

时隔5年，我第二次站岗。这时，我已由空军航空兵轰炸部队空某师调到航空兵歼击部队空某师担任新闻干事。空某师师部驻在天津武清杨村，是八一飞行表演大队所在部队，这里曾举行过许多重大活动。在这里，我曾数十次参加接待外国政府代表团和军事代表团的任务，还曾发生过在迎接墨西哥国防部长时在机场被大风吹掉帽子的事。

这次站岗是在1978年的秋天。当时我正参加师里举办的政工干部培训班，其间正巧碰上空军在这里举行“空军部队战备训练汇报表演”。那时，正处于改革开放初期，我国要向世界展示我们的综合国力和发展潜力，以吸引世界各国的投资。因此，党中央、中央军委和空军党委前所未有地重视这次汇报表演。中央、国家机关和各大单位共有3000多人观看这次表演。如此大的阵容，众多的中央领导一同参加空军的汇报表演活动，这在我国空军史上是没有过的。

这么多中央领导和中央国家机关部委主要领导在同一时间集中在空军杨村机场，安全保卫工作是一件大事。按照以往的做法，中央领导集中参与的重大活动的警卫工作，均由中央警卫部

队承担。这一次的警卫任务是十分重大的，组织工作也是极其严密的，远在外围数百千米的地方都作了警卫布置，机场周边也分布了好几层警卫。但是在机场内，尤其是在中央政治局常委和政治局委员们观看表演的主席台的周边，最里层最核心区域由谁来承担安全警卫工作？起初，中央和军委定的仍是由中央警卫部队来，但空军却向军委提出让空某师选派政治可靠的优秀干部承担主席台的警卫任务。

空军的这个提议是有“想法”的。当时，空军许多机场还有陆军部队没有完全撤离，陆军和空军共同守卫着机场。空军想借这次汇报表演担任最核心部位的警卫工作，向党中央和中央军委表明，广大空军指战员对党和人民是忠诚可靠的，是党和人民完全可以信赖的。最后，中央和军委同意空军的意见，表明党中央和中央军委对空军的信任。空某师党委研究后决定：正在参加师里培训的政工干部作为主席台的警卫人员。于是，我也有了第二次站岗。

1978年10月12日上午，空军战备训练汇报表演正式开始。空军航空兵部队和空降兵部队，在瓦蓝的天空下，向党和人民汇报战备训练成果，向世界展示改革开放后中国空军的崭新风貌。中央领导兴致勃勃地观看表演。

此时，我拿着一个小马扎，坐在主席台下左侧，做出“内紧外松”的样子，一边观看汇报表演，两目则注视着周边的动静，双眼随着周边的“流动”人员而转动，心中想着肩上的重任，想着主席台上首长的安全。

此时此刻，那首熟悉的、激昂豪迈、催人奋进的军歌又仿佛在耳边响起：

手握一杆钢枪，
身披万道霞光，
我守卫在边防线上，
为我们伟大祖国站岗。
一颗红心，时时刻刻向着北京，
站在边防线，如同站在天安门广场……

虽然，这次站岗没有手握钢枪，也不在边防线上，但心中却升腾着一股热流，正如这首军歌的结尾所唱：“做一个毛主席的革命战士，无限幸福，无上荣光！”

“站岗”结束后，深夜，我伏在床沿边，在战友拍摄的主席观看表演的照片背面，写下了为中央首长站岗的感言。

两次站岗，记忆深刻，终生难忘，已成为我作为一个兵的重要标志！

勇者脚下必有路

说起路，人们自然会想起平展宽阔的公路，火车奔驰的铁路，轮船航行的水路，崎岖凹凸的山路。不是的。这里追述的是空军侦察航空兵某团用国产超音速侦察机，成功地进行超低空飞行，为空军侦察强击、歼击机闯出的一条训练新路。

不能老走这条路

事情起始于云南前线。当时，这个团奉命去云南前线参加自卫反击作战。一次，前线指挥所给这个团下达了一道侦察敌十四交通要道的战斗预备命令。他们根据边境山高、林密、谷深、洞多的复杂地形，制定了一个避敌雷达的单、双机超低空隐蔽航行、超低空大速度照相侦察的行动预案。方案出来了，可是大家的心里也敲起了“小鼓”：过去部队在训练和执行任务中，都是采用高、中空，现在要飞超低空，能行吗？万一上级命令出航，怎么完成任务？

新的课题，严肃地摆在这个团党委面前。促使他们思考这样一个问题：随着武器装备的发展，战斗样式和作战对象的变化，侦察机的战术训练，必须由高、中空转入超低空，否则，就不可能在战场上取得胜利。从前线回来后，团里有的领导就提出组织部队进行超低空训练。

走前人没有走过的路

人们常讲："说起来容易，做起来难。"这话一点不假。当进行超低空训练的问题提出后，就像在油锅里撒了一把盐，引起了上上下下的议论。有的说："想在山沟里飞超低空，那是墙上挂布帘——没门。"有的说："人家条件好的部队都没有搞，咱们还想窝窝头翻个——显大眼？"还有的说："飞超低空，精神可嘉，就是办不到。"更多的则是担心飞超低空我国没有先例，条令、大纲没有论述，操典教材没有数据，外军经验无法借鉴，而雷达、无线电又处于"耳聋眼瞎"的状态，怕捅出娄子，吃不了兜着走。

训练改革要不要搞？现有装备、场地能不能飞超低空？主意难拿，决心难下。就在这时，关于实践是检验真理的唯一标准的讨论，像一阵强劲的东风，吹到这个团。团党委用实践检验真理标准的观点，组织党委成员，就上述问题进行了热烈讨论。在讨论中，大家对这样几个问题作了认真的探讨：首先是条令、大纲上没有的，我们能不能闯？其次是没有现成经验能不能自己摸？最后是歼六飞机的性能是不是只适宜高中空？探讨的结果是，大家统一了这样几点认识：第一，进行超低空战术训练，是提高部队战斗力的必经之路。战争没有固定的样式，训练内容也就必须随之改变，谁能不断使自己的训练适应发展、变化着的战争的情况，谁就能赢得未来反侵略战争的胜利；第二，既然是改革，就是走前人没有走过的路，就意味着要担当风险；第三，失败为成功之母，即使是改革训练遇到挫折，走些弯路，能从中总结经验，吸取教训，也是非常宝贵的；第四，真正的求知是实践，歼六能不能飞超低空，只有经过实践的检验才能证实，不经过实践，我们就无法认识它的最佳性能。

在统一认识的基础上，最后团党委决定:为了战时打胜仗，大胆实践，勇敢探索，闯出一条自己的路。

“旧鞋”也要走新路

当训练改革即将铺开的时候，部分同志产生了害怕、畏难情绪：歼六是20世纪50年代的产品，超低空是80年代的训练科目，能行吗？要飞超低空，就得有新机种，用歼六去飞，非出事不可，个别同志甚至想打退堂鼓。面对这些思想反应，这个团党委感到：武器陈旧固然会给保证安全带来影响，但改革训练关系到未来战争的成败，我们决不能因此而动摇改革训练的决心。正在这个团蹲点的军区空军司令部吴副参谋长很赞同团党委的意见。一天，他把飞行员找到一块，给大家讲起了中外战争史上用劣势装备打败优势装备之敌的许多动人战例，而后，这位领导把话题一转，讲了这样几段话：

“从武器装备上讲，我们还比较落后，这种状况，不可能在短期内得到根本的改善。但如果我们能以积极的态度，处理好人和武器的关系，发扬我军以劣势装备战胜优势装备敌人的优良传统，研究与挖掘我现有兵器的最大潜力，用我之长，击敌之短，那么是能够找出相应的对策对付现代战争的。”

“改革训练，是新的情况对我军战斗力提出的一个新的要求，军事训练只有不断改革，才能适应这个要求。虽然我军的武器装备没有多大变化，但现行训练也有不适应现有装备的情况。拿有的部队进行以歼代强的训练来说，以前没有搞过，经过飞行实践，已获得了相当的成功。这就是说，我们穿着‘旧鞋’同样能够踩出新路来。”

“任何事物都是辩证的统一，我们搞超低空训练，从现时情况看，要比四平八稳地飞高、中空多担风险，但如果只是避难就易保安全，战斗力是提高不了的。”说到这里，吴副参谋长给大家回忆了这样一个事例：1978年3月的一天，这个团的6架飞机同时上了天，突然一块乌云压到200米的低空，覆盖着机场跑道。这几架飞机在天上转了好几圈，直到最后才歪歪扭扭落地，差点发生严重事故。后来，这个团加强了低气象和夜航的训练，提高了飞行员低空驾驶技术。一天，他们9架飞机正在天空进行侦察训练，不一会儿，一块乌云一下压到180米以下的低空，可是这9架飞机都很顺利地着陆了。讲完这个事例，吴副参谋长接着说：“保证安全与改革训练是矛盾的统一，只有从难从严、从实战出发进行训练，一旦打起仗来，祖国和人民的安全才会有更可靠的保证。”

一席循循善诱、充满哲理的话语，说得大家心里豁亮。原来对超低空训练动摇过的同志说：“怕噎吃不饱肚，怕水当不了渔夫，怕出事打不开训练门路，我们是人民的军队，要为祖国、为‘四化’闯开一条安全路。”

险路变通途

超低空训练，飞机要在几十米的高度，以每小时1000多千米的速度，做七八十度的大坡度盘旋，拉6个负荷，而且是在峰峦重叠的崇山峻岭中起伏飞行，只要拉杆动作迟缓零点几秒，顷刻间就会机毁人亡。对此，一些同志产生了恐惧心理，不太敢飞。针对这一情况，这个团党委从既要保证安全又要改革训练的指导思想出发，认真分析了改革训练的有利因素和不利因素：不利因素主要有高度低，飞行员来不及处理意外情况，加之雷达看不到，无线电听不到，失去对空指挥。有利因素如下：第一，全团飞行员都飞完了三提纲，有一定的技术基础；第二，组织工作周密，飞机维护认真，对所飞空域进行了严密的侦察，熟悉本机场地形；第三，由于超低空高度低，飞行员操作时自然会产生宁高勿低的心理状态，注意、观察力也会比高、中空更加集中。从这一点来讲，不利因素就变成了有利因素。为了使大家消除顾虑，增强信心，团主要领导和上级训练处的同志，一马当先，第一个用教练机上天试飞，紧接着，其他一些领导同志相继做了试飞实践。

在领导干部的带动下，飞行员们个个争先恐后抢着飞。大家在实践中摸索，在摸索中前进，越飞越想飞，越飞技术越精。这里请大家看看他们的一组飞行高度表吧：

第一个飞行日，500米；

第二个飞行日，300米；

第三个飞行日，200米；

第四个飞行日，100米；

第五个飞行日，50米；

第六个飞行日，35米；

第七个飞行日，30米；

第八个飞行日，20米。

有一次，几个同志在机场跑道上空做了30米盘旋、10米通场的表演。他们说："飞几千米的高空时，掉几十米的高度是常有的事，可是，飞超低空却像在柏油马路上推板车——又平又稳。想不到我们国产的侦察机有这样的性能。"

这个团超低空训练的成功，得到军委空军领导同志充分肯定和高度赞扬，他指出："这是一个新的突破，为航空兵适应未来反侵略战争进行战术训练打开了一条新的渠道，不仅侦察部队要推广，强击和歼击机部队也要推广。"

导弹即将腾空

西北某靶场上，天线徐转，机声隆隆，“C”字形的黄土窝里，3枚浅蓝色的导弹已昂首挺立。

3号指挥车里，营长孙德忠已接到各连报告：“功能检查完毕，兵器良好，可以投入战斗！”方位角和距离的操纵员也都分别报告了3个“目标”的密位和距离。

就只差高低角数据了！现在，时间还有20秒钟，如果在这20秒钟之内报不出来，或报出来的数据不准确，“目标”就会超越导弹的射程或导弹偏离“目标”而自行爆炸，其后果……孙营长此时急得额上直冒汗，心里道：这小子，要砸锅啦！

高低角操纵员叫李进。此刻，他两眼紧紧盯着荧光屏，“稳住，稳住，找到最佳值。”他在心里给自己打气，部队从万里之外赶来打靶，这一举实在非同小可啊！

导弹打靶，操纵员是关键人物。尤其是这次在未知条件下打手控跟踪，操纵高低角的又是关键的关键，全营的“命运”几乎系在他一人身上，人称“决定命运的人”。

小李是1983年入伍的，在地空导弹部队还算是个新兵。他机灵、好学，是连队的技术尖子，但参加实弹打靶还是第一次。这次营里让他唱主角，他知道这副担子的分量。你看，他坐在荧光屏前，双手紧握手轮，正在全神贯注地搜索目标。

“怎么样？”孙营长真有点等不及了。“稍等，到最佳值再报。”小李简短地回答。怎么回事？人们弄不明白，这个平时以“火性子”闻名的李进，此刻怎么这样沉得住气。

文章就在这里！小李入伍后，被分配当高低角操纵员。起初，他曾吃过不少“沉不住气”的亏：训练时，听到别人报出了“目标”数据，自己还没有找到准确数据就急于报出，受过批评。为了加强这方面的锻炼，他读《普通心理学》《青年心理学》，根据书上提供的方法，有意识地进行“心理训练”。

能沉住气是最好的灵丹！技术上每次考核都是优秀的小李，此刻正牢记着这句名言。

“报告，发现3批目标，高度……”随着小李从容不迫地报告，孙营长一声令下：“放！”“轰隆！轰隆！轰隆！”三声巨响，导弹吐着圆柱形的火舌，直刺蓝天。即刻，飘忽在远方的三个目标消失了。“打中啰！打中啰！三发都打中啰！”人们在阵地上欢呼、跳跃，激动中大家唱起了《导弹兵之歌》：

颗颗导弹像利箭刺向太空，

发射架上飞出一条火龙，

导弹腾空，威力无穷，

跟踪目标发发都命中，

地空战士显神通，

保卫祖国立战功……

一毛钱

许多往事，已随着时间的流逝在我的记忆中淡去，唯有童年的“一毛钱”小事深深地印在我的脑海里，它像一座美丽的浮雕，刻进我的心田，伴我走过漫长的岁月。

60多年前的那个春天，当时只有7、8岁的我，同母亲一起到省城南昌走亲戚。回家时，母亲领着我乘公交车从八一桥到老福山转车。或许母亲认为我还没长到应该买票的标准，只买了一张。下车时，售票员发现跟在母亲后面的我没有买票，说：“这小孩要补一张。”母亲说：“孩子还小，不需要买票。”可售票员硬是坚持，竟和母亲争执起来。

我害怕极了。我怕争执的结果会把我交给警察，便使劲地拽着母亲的衣角，争吵声越大，我拽得越紧。我像做了一件错事似的，茫然地望着那位售票员。

就在母亲和售票员争得不可开交时，一位中年男子走了过来，那男子约莫30多岁，中等个头，和善的面目中透着几分秀气，他从皮包里拿出一毛钱递给售票员说:“算了吧，我给他补了。”他帮母亲解了围，我也松了口气。下车后，母亲连声向那位中年男子道谢，并迅速从口袋里掏出一毛钱还给他，中年男子执意不肯，边走边说:“不用谢，不用谢。”母亲追着他还钱，我拽着母亲的衣角，连走带跑地跟在母亲后面，母亲追赶得紧，那男子便小跑起来，还不时回头向我们挥手再见。

和煦的春风中，母亲拉着我的手站在路旁，感激地目送着中年男子走远，直到他消失在熙攘的人群中。

没有激动人心的场面，也没有扣人心弦的情节，但这一幕一直粘贴在我的心头，萦绕在我的脑海里，每每想起，心中便充满一种感动和温馨。我曾无数次地想找到这位好人，向他道一声感谢；也曾多次想给他写信，表达我的感激之情，可我不知道他的姓名，也不知道他住何处。茫茫人海，没法打听，我唯有将其封存于心灵深处，在生命的时钟里静默地独享那份凝重的记忆!

可是时间长了，这件事渐渐成了我的一桩“心事”，我有点憋不住了，想把它写出来。我估算如果当年那位中年男子还健在，现在已是一个耄耋老人了。也许他早已忘记了这件事，也许他从来就没有在意过，即使他还健在并且记得这件事，我写出来他也不一定能看到，但我还是想写出来。

我想告诉他，当年的那一毛钱车票对我是如此刻骨铭心。几十年来，我无论是在农村、工厂、部队、学校、机关，在国内或在海外，心里总是装着这件事。虽然我记不住他的容貌，但是他已刻在我的生命里。因为他那一刻的举动，使我懂得感恩，因为拥有感恩之心，我的生命的历程才充满温馨。这一毛线车票的记忆，已成为我精神世界的组成部分，让我生命的每分每秒都享受着感动！

我想告诉他，我十分庆幸自己与他的这次“际遇”：在我即将开启认识世界的人生旅途时，是他用无私的人性之美，给了我人生第一缕灿烂的阳光。在他手举一毛钱代母亲交给售票员的那一瞬间，我看到了人性的善良与纯真，看到了人世间的多彩和美丽；在母亲追着他还钱，他脸带微笑，小跑着远去时，我领略了助人的快慰和无私的高尚！是他用不图回报的惠助之恩，在我小小的心田里播撒了感恩的种子，这种子从我的心灵深处生根发芽，陪伴我经历人生的风风雨雨，同我一起成长。

我想告诉他，我从他的行动中懂得了感恩的含义：它不是对施恩者等量的回报，而是一种心灵的偿还。我知道自己对他无法回报，唯有用纯真的心灵去回报社会！几十年来，我怀抱感恩，一路走来。也学着他的样子，做过一些不起眼的小事：在长途列车上为老大爷、老大娘一路做好事；在日子过得紧紧巴巴的年代，把自己仅有的10斤粮票捐给路遇的地震灾区难民；给流浪街头的儿童和老人解囊买饭……

我同样也钦佩我的母亲。她是个地道的农村妇女，虽没有读过书，但心地善良，明了事理，是非曲直界限分明。就在母亲追着他想还上那一毛钱的刹那，我看到了母亲心灵的光亮。母亲的行动告诉我，不要亏待好人，不要忘记帮助过自己的人。

记得法国伟大的文学家巴尔扎克说过：“微不足道的小事往往会演变成人生的重大经历。”巴翁视此为生活的一条真理。我在童年时代经历的这件事，给我多方面的教育和鼓舞，成为我为人处世的一个支点。在我的成长过程中，它给了我无形的巨大力量，是我的一笔难得的精神财富。

“一毛钱”的故事已过去将近半个多世纪，岁月的流云，已风化了许多事物，但那位陌生人的一毛钱，将永远在我的心中闪动！

工作同志

20世纪50到60年代，老家的村子里经常会有一些上级机关下来的人员，他们或来进行农村思想教育，或组织兴修水利、检查农业生产、帮助“双抢”秋收等。虽然他们在机关里有的当书记，有的任处长，有的是主任、科长，但村里老百姓不称官职，统称他们为“工作同志”。

看得出，“工作同志”很乐意这样的称呼。有时候社员群众分不清他们的姓名，喊一声“工作同志”，几个“工作同志”都会同时回望，而后相互对视，露出一抹会心的微笑。

“工作同志”进村通常都住在大队部，有时候也被安排住在社员家里，吃饭是吃“派饭”，社员群众挨家挨户轮流做。那个时候，生活拮据，轮到哪家基本都是以蔬菜为主，外加一个炒鸡蛋或鸡蛋汤。有的家庭还会想办法到河塘抓一些小鱼小虾，如碰到家境好一点的家庭，也许会到街上买点猪肉，这已是当时最奢侈的招待了，也算是“工作同志”有“口福”了。尽管接待“工作同志”对一般社员家庭来说可能是一个小小的“负担”，但大家都十分乐于为“工作同志”“办餐”。轮到哪家，那家就像有什么喜事似的，早就在盘算弄点啥好吃的给“工作同志”；如果碰到几家同时有点“好菜”，还会争着给“工作同志”供餐。每家招待过后，“工作同志”就会及时按当时规定的伙食标准如数结账，你若是想表示表示“意思”，免了，那可是不行的！

“工作同志”是来工作的。他们平易近人，不拉架子，不打官腔，没有居高临下的姿态，和社员同吃、同住、同学习、同劳动。插耕季节他们和社员一样，晴天一身汗，雨天一身泥；田埂地头、开山扩地、挑挖塘泥、水利工地，处处可见“工作同志”的身影;他们走村串户，和社员群众拉家常，谈生产、问生活、聊天谈心、宣传政策、嘘寒问暖，了解社员群众思想情绪，帮助群众解开思想疙瘩，化解邻里之间纠纷。虽然每一批“工作同志”在村里待的时间不长，有的一两个月，有的一二十天，但和群众结下了深厚感情。群众对“工作同志”也非常信任，有什么心事，家庭有什么纠纷都愿意找“工作同志”倾诉。甚至有的村民间发生矛盾和纠纷，一时解决不了的，会说：“等下回‘工作同志’来了，我们找‘工作同志’说去。”

因为父亲是大队支书的缘故，我家是“工作同志”进村的第一站。父亲和“工作同志”不管是以前熟悉的，还是初次见面的，都很亲切。他们谈工作，谈各村情况是那么认真，神情是那么和谐。那时小小年纪的我很喜欢父亲和“工作同志”的这种工作氛围，也常“旁听”他们谈些工作上的事情，因此，我很盼望常有“工作同志”来家吃饭或工作。一些常来家的“工作同志”渐渐对我也熟悉了，有的“工作同志”后来一直和我保持着联系。

我喜欢“工作同志”，因为这个称呼高尚而动听！

我喜欢“工作同志”，因为它是那个时代社会风气的真实写照！

我喜欢“工作同志”，因为我企盼着良好的党群关系、干群关系回归！

我为什么写《北大外宣一期学子》

在喜迎北京大学建校126周年、北大国际政治系建系60周年暨国际关系学院成立28周年之际，我重返母校，感到非常高兴和荣幸。在这样一个喜庆时刻，学院安排这个简单而隆重的捐书仪式，更是让我们深受感动和鼓舞。

阔别36年，踏进心心念念的母校，心情格外激动，看到母校发生如此巨大的变化，处处充满生机与活力，更是感到无限欣喜。见到学院领导和老师，顿生一种亲切感、温馨感。

北大国际关系学院，是我们梦想起飞的地方。这里留下了我们青春美好记忆。

37年前，当我们的生命行进到火焰般燃烧的时候，我们来到北大国际关系学院学习。时间虽然不长，但它却是我们人生河流中绽放的一朵最美的浪花。如今几十年过去，今天，我们带着同学们用青春与智慧，用热血与忠诚、用心血和汗水写就的一份特别的汇报材料——《北大外宣一期学子》，向亲爱的母校，向尊敬的领导和老师汇报，以表达我们对母校教育培养深深的感激与敬意！

《北大外宣一期学子》一书是北大第一期外宣干部班的同学们在地方对外宣传工作初创时期拼搏奋斗，闯出地方外宣一片新天地的真实记录。那段历史现已渐渐远去，人们也许淡忘了，但在外宣一期同学的心中却是如此刻骨铭心。每每谈起在北大学习和开拓地方外宣工作的往事时，同学们总是那样激动，脸上洋溢着满满的喜悦与自豪。

我十分庆幸自己作为外宣一期的学员，参与和见证了我国那段地方对外宣传迅猛发展的历史，并将这段辉煌的历史记录下来留给历史。

也正是与外宣一期同学同窗共读和共同为推进外宣事业发展、加速中国走向世界进程而打拼的共同经历，让我深深了解到这个班同学的卓尔不群和对地方外宣发展的特殊贡献。

外宣一期同学是带着历史使命、带着党和人民的重托走进燕园的。

20世纪80年代中后期，波澜壮阔的改革开放在祖国大地如火如荼地展开。然而，国门虽已打开，但封闭已久的中国还不为世界所了解，中国对世界也很陌生。一方面，中国在世界上的声音非常微弱；另一方面，国内许多人包括一些官员不善于同外国人打交道。内宣内行，外宣外行比较普遍，内宣外宣一个面孔，一个版本走遍天下，效果很差，严重不适应新形势。在这样的历史背景下，为适应改革开放新形势，加速让世界了解中国，让中国走向世界，中央推出一个重大战略举措，决定在当时的北大国际政治系举办外宣干部培训班，培养对外宣传的专门人才。

记得那是1987年9月7日，微风轻拂，秋阳明媚，来自全国宣传系统、中央国家机关和军队系统的60多名外宣干部意气风发地踏进了美丽的燕园。这批被称为“黄埔一期”的外宣学员肩负着党和人民的重托，带着各地党组织的殷切希望，他们深知自己肩上沉甸甸的担子，十分珍惜学习机会，学习认真努力，扎扎实实地充了一回电。经过这次培训深造，开阔了视野，增长了见识，丰富了知识，为他们今后的外宣工作打下了坚实的理论基础，也使同学们如同打了加力的战机，在祖国对外宣传广阔的天空展翅奋飞。

外宣一期同学怀揣一抹“北大红”，赓续使命担当，在“爱国关天下”的旗帜下，在地方对外宣传的荒原上开疆拓土，辛勤耕耘，不断创新外宣手段和方法，努力实现毛主席“把地球管起来，让全世界都能听到中国的声音”的宏大愿景和蓝图。

北大是同学

们向往的殿堂，北大的家国情怀和时代使命担当之精神对同学们有着深刻的影

响，那一抹象征着北大精神的“北大红”深深地烙在同学们的心中。国际关系学院“爱国关天下”这一特有的精神气质流淌在外宣一期同学的血液里。虽然那时国际关系学院还在孕育之中，还未诞生这5个字的院训，但“爱国关天下”的精神内核，早已生在这块家国情怀浓郁的土壤里，长在放眼天下大势、胸装世界风云的教研专业之中。这种从“娘胎”里带出来的“爱国关天下”的基因所形成的品格气质与北大精神相融合，也给外宣一期同学带来了勇气、智慧、气魄和力量。

几十年来，它像航标，似灯塔，引领着外宣一期同学一路前行，支撑着他们干事创业。

那时，我国对外宣传工作整体基础较差，而地方对外宣传工作几乎是空白。面对这种情况，经过北大“淬火”的外宣一期同学，将在北大的学习成果转化为实践创新的能力，在没有任何经验可供借鉴的情况

下，他们和领导、同事一起，不畏困难，大胆探索，推动地方外宣迈上一个又一个新台阶，不断谱写地方对外宣传的新篇章。他们结合本地实际，闯出了一条符合当地实际，体现本地特色的外宣新路。他们从制作各种外宣品、做好“四种人”工作和申报世界遗产等宣传工作起步，逐渐拓宽外宣渠道，如利用各种传媒渠道，展开立体式全方位宣传本地的环境和优势；利用各种各类外经贸洽谈会、座谈会、产品展览展销会向世界宣传介绍中国等，有的地方甚至干脆将外宣工作直接做到联合国去。

这里值得大写一笔的是，外宣一期同学和他们的领导、同事一起，在实践中探索出，将经贸洽谈与文化旅游相结合的对外宣传大型国际节庆活动。这可以说是我国地方对外宣传初创时期的一个重大突破和伟大创举，在国内外产生了重大而广泛的影响，极大地推动和促进了改革开放和经济建设。那些年，他们和领导、同事们先后创造的“洛阳国际牡丹节”“潍坊国际风筝节”“哈尔滨国际冰雪节”“吴桥国际杂技节”“伏羲国际文化旅游节”“沈阳国际秧歌节”“丝绸之路文化经贸洽谈会”等融文化旅游与经贸洽谈于一体的大型国际文化节庆活动。这类活动兴起后，很快蔓延到全国，如烂漫山花开遍神州大地，搅动了中国，搅动了世界，并且长盛不衰。直到现在许多地方还在连续举办，产生了极为广泛的影响，极大地推动和促进了改革开放和经济建设，加速了中国走向世界的历史进程。

外宣一期同学无论在什么岗位都干得很出色。班上的学员做外宣时间不等，有人干了几年十几年，几十年，也有同学一辈子献身于外宣事业，没离开外宣岗位。他们无论在什么岗位，都做出了突出业绩。在党政机关和从政的，有县长、市长、书记、局长、厅长，也有省部领导，中央候补委员等，在其他领域也有一批作家、画家、摄影艺术家、企业家等。他们都成为各自领域的领军人物，他们在离开外宣岗位后生动的感人故事同外宣故事一样精彩。如外宣一期学员，原云南省委宣传部外宣处处长陈洁提拔到云南省妇联任副主席，主管宣传工作，她提出并组织策划了云南十大女杰评选活动，推出了后来感动中国人物、“七一勋章”获得者张桂梅这一重大典型，树立了一个全国人民学习的榜样。

外宣一期同学的故事深深感染、打动着我，促使我将他们的故事写出来，让后人知道在中国、在北大曾有这样一个班，这样

一群人。

外宣一期同学的外宣故事，看似平淡无奇，波澜不惊，但却昂扬豪迈，催人奋进；他们的故事，没有催人泪下的场面，但却蕴含伟力，惊天动地；他们的故事，不会留下自己的名字，但却连着中国，连着世界。他们的故事，深深感动着我。时常在我脑海中翻卷。2021年7月中旬，同学们在呼伦贝尔大草原举办了分别34年后的首次聚会。久别重逢，瞬间把大家拉回从前，大家相互拥抱，互道思念，亲热得像兄弟姐妹一般。大家在草原狂欢，参会的和没到会的同学全都“动”起来了，那几天全班同学就像过盛大节日一样，觉得从未有过的开心放松，每个人脸上荡漾着由内向外自发的微笑。同学们的这种快乐和放松，是基于没有虚度年华，是一种为祖国做出了自己应尽贡献之后的坦然与心灵宽慰，这种快乐是只有在经过人生的马拉松赛胜利到达终点后才能体会到的。

我想告诉人们，不要忘记在我国地方外宣开创初期，是这群有理想、有抱负的外宣人和他们的领导、同事一道，在全世界树立起开放的、强大的中国形象，让中国故事中国声音在全世界回响。

我要告诉人们，不要忘记，在共和国筚路蓝缕、一步一步走向辉煌的征程上，有共和国第一批地方外宣人艰难跋涉的身影。

世上任何一种事物和现象，都是在一定的历史条件下形成的。外宣一期同学是时代的产物，他们的精神面貌是20世纪50到60年代初期同时代人的真实写照，他们都有一个共同的特点，就是既有肯吃苦、不怕苦的精神，也有想干事、能干事、干大事、干成大事的优秀品质和能力，更有“站在家门口，望见天安门”的情怀。

他们是全国对外宣传战线的一个缩影。写外宣一期，是写那个时代，是写奋战在外宣战线的工作者，歌颂他们是歌颂在这

条战线的奋斗者，歌颂那个让中国在世界叫响的时代和时代的人！想到此，我感到把他们的故事写出来并传播出去，成了一种使命，一种责任；不写，会觉得有负这些同学，愧对历史，愧对时代。

在感动与激动中，我开始了作品构思，多少个夜晚不能入眠。这里需要特别指出的是在本书的写作过程中，得到了同学们的热情鼓励和积极支持配合。由于时间跨度将近40年，涉及全国范围和外宣工作的方方面面，而且必须是真人真事，而外宣一期同学又分散在天南地北，难度是有的。但同学们太给力了，有的同学不远千里专程来京接受采访；有的同学翻箱倒柜查找当年相关资料；有的还专门写了几万字的外宣工作回忆材料传寄给我。书稿的写作过程也是受教育的过程。正是在同学们的热情支持和鼓励下，使得本书的写作得以顺利完成。该书的出版，应该说是我们外宣一期全班同学共同向党和人民、向历史、向母校交出的一份答卷。

一份北大缘，一生北大情；一朝做外宣，一世外宣人。北大情，外宣情，将伴随我们整个生命里程。现在，外宣一期的同学们差不多已经退休了，大家会永远深情地关注外宣，关注北大，关注着国际关系学院。

（注：该文系作者在北大国际关系学院捐赠《北大外宣一期学子》仪式上的发言，本书收入时略有修改）

致敬师友

感悟当代散文大家刘上洋

一

在我国体制内干部队伍里，有一批挺会写的领导干部。这些会写的领导干部，大多数比较熟悉典型材料、经验总结、工作报告、领导讲话之类的文体及请示汇报、文件批复等公文的写作。他们中既能写各种文体材料和机关公文，又能创作散文、小说、剧本等文学作品的人则为数不多，而将各式各样的材料与公文写得比较到位，又在新闻报道、文学创作领域“五项全能”的写作通才更是凤毛麟角，尤其是能将各种材料及公文写出高水平，又在文学创作领域佳作迭出并能拿到权威大奖的高级领导干部那就更加稀少了，全国也找不出几人。刘上洋先生算一个。

上洋先生一直从政。在这条既充满诱惑又多有险滩，既可施展抱负，治国安邦，又易迷失，一不小心便一脚踏空的官道上，他走得稳当。走着走着，他走出了一片波澜壮阔的新天地：从乡间小道、田间地头、走向乡里、县里、市里、省里；他担任过省纪委常委、省委宣传部副部长，江西省赣州地委副书记、赣州市委书记、江西省委副秘书长、省委政研室主任、九江市委书记、江西省委常委、省委宣传部部长，省政协副主席等职。

文学是上洋先生的爱好。在这条自找苦吃的路上，他从“痛苦”的土壤里，开出了永不凋谢的灿烂花朵：从1970年开始发表作品，几十年辛勤笔耕，坚持不懈，写着写着，走向了一座文学尤其是散文创作的高峰。

还是让我们看看上洋先生的作品榜单吧。

著有《在前人已有答案的地方》《废墟的辉煌》《高路入云端》《山河气象入梦来》《难以攀登的美》等多部散文集，出版了60余万字的长篇小说《老表之歌》，创作了大型歌舞剧《井冈山》《神奇赣鄱》等。所发表的作品多次在全国获奖并入选国内多种权威版本。其中《井冈山》获中宣部“五个一工程”奖;《双头

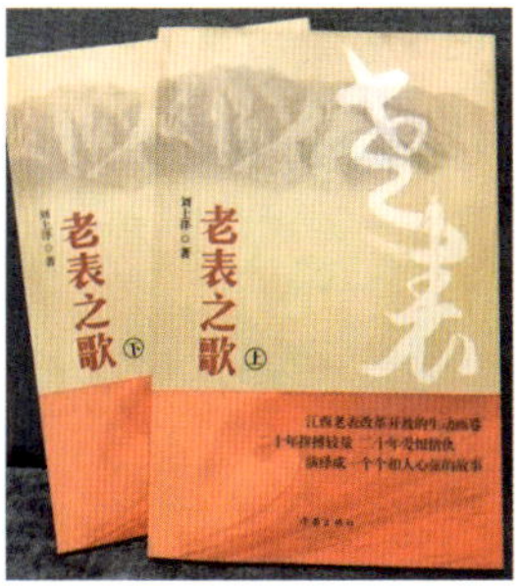

鹰的国度》获冰心散文奖;《九江赋》被评为影响中国旅游的文章10强;《一张小桌和一首名词》《停止的繁华》获中国新闻奖报纸副刊作品金奖;《万里长江第一湾》获井冈山文学奖;《废墟的辉煌》被一些省市收录中学生课外阅读本;《江西老表》收录于2012年《中国年鉴》,被认为是近年来国内文坛剖析中国地域文化性格的难得作品。此外,还在各种报纸杂志发表《试论世界经济格局变化与我国经济发展方式转变》《关于提高宣传艺术的几个问题》等论文近百篇,主编了《经典江西》《江西60年文学精选》等大型丛书。

这一长串耀眼的作品榜单,即使是专业作家也难以企及。关于他的文学创作的成就和艺术特点,中国作协、江西省文联、省作协曾多次召开过上洋先生小说和散文创作专题研讨会,对他给予了高度评价。

做官为文两不误、双丰收，是古今中外具有卓越才华的官员在历史的天空中形成的一道独特的风景线。翻开中国和世界历史，古今中外许多杰出的为官者在推动历史社会向前发展起到重要作用的同时，也作诗作文，为人类灿烂的思想文化增添了一抹耀眼的光辉。如法国拿破仑在长期的征战中养成了写日记的习惯，写下了大量诗文；美国历史上第一位总统华盛顿同时也是一位多产的作家。我国古代做官的文人也很多，如江西籍的文人官员就有王安石、欧阳修、文天祥等。人们崇敬的以毛泽东为代表的老一辈无产阶级革命家许多都是文章高手，在战争年代和建设时期写了许多诗文，为中华文化增添了灿烂光辉的一页。

上洋先生曾担任过县、市和省委宣传部重要领导职务，在繁重的政务工作之余，写出这么多优秀作品确非易事。用他自己的话说：“我的散文是苦出来的。”他有一个习惯，就是无论什么时候都细心积累创作素材，每每有触动自己心灵的人和事随即拿起笔记录下来。在国外考察时，他利用晚上和在机场候机的时间整理笔记，梳理心得，把闲暇时间都用上了。《中华读书报》曾专门发表文章，盛赞上洋先生为“官员写作”带了好头，做了表率。

上洋先生最出彩的时期应该是在担任省委常委、宣传部部长这10年间，这一时期既是江西省宣传思想工作的辉煌时期，也是上洋先生文学创作的鼎盛时期。这一时期上洋先生表现了卓越的领导力和创新创作才能，其中包括文学创作，特别是散文创作才华。

他把江西宣传思想工作搞得有声有色，每届中宣部评选精神文明建设“五个一工程”奖，江西均获组织奖，获奖数量基本上名列全国前三。

作为全省宣传思想工作的主要领导者，那些年，上洋先生主持、主导、主创、主抓了一批重大工程项目。这些项目的诞生和建成，已成为江西宣传思想文化建设的经典，如新建井冈山博物馆，该馆的建设列为全国爱国主义教育示范基地“一号工程”，获中国建设工程鲁班奖、新中国60年百项重大经典工程等奖项；由他创作的大型情景歌舞《井冈山》获中宣部“五个一工程”奖；由他提出并主创的井冈山斗争全景画声光电演示馆，用艺术的形式将井冈山革命斗争的重大事件与巍峨雄伟、钟灵毓秀的井冈山风光融为一体，作品雅俗共赏，震撼人心，受到中外游客的高度赞扬，成为游客的打卡地；他创作的历史风情魔幻歌舞剧《神奇赣鄱》，彰显了赣鄱文化的深厚底蕴和文化的魅力；他主持建设的江西省展演中心恢宏大气，既有古典风韵，又有现代气息，成为南昌乃至全省的文化标志性建筑。这些软件和硬件，在增强宣传工作效果，提高宣传艺术和感染力的同时，也扩大了宣传部门的影响力、向心力。

像抓工程项目出新出彩一样，在这一时期，上洋先生的散文创作也成就辉煌，硕果累累。他的相当一部分散文作品差不多是在他任省委宣传部部长时期和退休之后创作的。他结合宣传工作实践，写出了长篇论文《关于提高宣传艺术的几个问题》，总结了10年担任宣传部部长做宣传工作的经验体会。这篇工作论文，对我们今天做好宣传思想工作仍有极强的指导意义和启迪作用。

或许是出于对党的宣传思想文化工作的自觉意识和使命担当，或许是骨子里藏着深深的文学情结和文人情怀，或许是在领导宣传思想文化工作中取得出色的成就，或许是在散文领域长期的艰难跋涉中卓有建树，上洋先生在他新近出版的《难以攀登的美》散文集的自我介绍中，将自己的身份界定为“宣传思想文化工作者”。

这个定位是精准的。

二

作为宣传思想文化工作者的上洋先生，既是全省宣传思想文化工作的领导者，又在散文创作领域筑起了一座新的高峰。他的作品以特有的气质和风格，构建了一道散文的新景观，在中国文坛，尤其是散文创作领域占有重要地位。

上洋先生的散文题材广泛，涵盖面广，内容非常丰富，囊括域外风情，名胜古迹、历史文化，名人轶事。既有哲学的，地理的，政治的，科学技术的，又有对历史的探究、对现实的严肃思考；既有叱咤风云的大人物，也有寻常平凡的黎民百姓；既有江河湖海，也有农家菜园。作品几乎涵盖了各个领域和层面的内容，描绘了世界的多样性和复杂性，包含着人间万象，在读者面前展现出一副波澜壮阔、气势磅礴、绚烂多姿的自然与人文画卷。作品承载的信息量之大，知识之丰富，犹如一部百科全书。跟随作者的笔触，犹如翱翔在信息与知识的海洋里。

品读上洋先生的散文，你会发现他的叙述功力不凡。他的作品不堆砌华丽辞藻，很少引经据典，也很少有人物对话，总是以平实、自然、亲切的语言叙述着人与事，在深沉而真挚的文字中，带着诗意和哲理，以其独特的魅力，吸引读者，打动读者。触动读者的心灵，赢得读者的喜爱。

关于散文创作，上洋先生有着自己独特的见解。他认为，散文是一种美文，无论叙事、议论还是抒情，必须给人美感，或意境美，或思想美，或雄放美，或婉约美，或深邃美，或通俗美，或悲壮美，或哀伤美，或孤寂美。而这种美又不是轻易能够达到的。他说：“要创作一篇优秀的散文，就必须在崎岖陡险的路上艰苦攀登，如果眼光不高，意志不坚，笔力不济，就不能达到美的高峰。”

法国伟大的雕刻家罗丹曾经说过：“在艺术中，有‘性格’的作品，才是美的。”

纵观中国文学史，许多登上了“美”的高峰的散文大家都有自己独特的风格。譬如以冷峻、尖锐、讽刺、犀利而著称的鲁迅，以雄浑、豪放、直率而著称的欧阳修，以清新、淡雅、含蓄、细腻而著称的朱自清等。如果你细品上洋先生的散文作品，你会强烈地感受到他的散文作品中透着深刻的思想内涵，文字间透射出的大气、思辨、联想、勇气等特点向你扑面而来，这或许就是上洋先生散文的主要气质和性格。

这里，重点说说上洋先生散文的突出特点：

闪耀着思想的光芒。思想是一个国家和民族的灵魂。有了思想，人类才能发展，国家才能进步。在中华民族5000年的发展中，无不闪耀着思想的光芒。

文学作品是作家用独特的语言艺术表现其独特的心灵世界。有人说，杰出的作家是一个民族心灵世界的英雄。上洋先生的散文渗透着他对生活的深度思考与感悟。他的散文散发着正气的光，闪耀着思想和智慧的火花，人们在他的散文中，体验的不仅仅是一种情感，更是一种思想的启迪和升华。

看下他的《扁担颂》吧。这篇散文写的是井冈山时期朱德总司令挑粮的扁担，我们读到的不仅仅是颂扁担，而是作者在饱含深情和朴素感情的文字里颂扬一种精神，在颂中国革命、在颂官兵一致的优良传统和作风、在颂党与群众的鱼水之情、在颂干部的清正廉洁、在颂革命的胜利和今天幸福生活的来之不易。在文中，我似乎看到了修赣抚平原、流灌化、柘林水库、十三陵水库、红旗渠……

读过这篇散文，我确被震撼到：一根扁担，挑出了一个强大、美丽的新中国！

不仅仅是《扁担颂》，上洋先生的许多散文都是在传达一种思想理念，通过文字，让读者获得启发和思考。在《寻找柏林墙》中，他写道："柏林墙倒了，但马克思、恩格斯的塑像依然屹立在柏林城内。用真理铸造的信仰之墙是任何力量也摧毁不了的。"作者发出了振聋发聩的声音，"歌颂真理、歌颂光明"的主题一下就凸显出来了。

好文章不仅体现文字功底，更体现了作者的理论功底和思想水平。上洋先生的散文就体现出这位宣传思想文化工作者"以正确的舆论引导人，以高尚的精神塑造人，以优秀的作品鼓舞人"的自觉意识，体现出宣传思想文化工作者作为人类灵魂工程师的崇高责任。

从这一层面来看，上洋先生的散文是一位思想者的正气歌。

展现了大视野、大气象、大境界、大气势。古人云："文以气为主。"文章好不好，主要看其气势的强弱。读者是很看重气势的，如果某个作家的文章不受读者"待见"，那他的文章起码是不大气，那他基本上也就"歇菜"了，成不了什么大"气候"。上洋先生作的品给人一个突出印象就是大气。当你深入到上洋先生的作品中去，一个深远广大的世界立刻呈现在你面前，你将被作品中辽阔的视野、宽广的胸襟和超常的大气所叹服。

上洋先生写过许多大题材、大人物、大事件，写过世界各地许多名山大川，写过众多的"第一"，如《万里长江第一湾》《江西第一树》《长征第一渡》《天下第一家》等，此外，还有一些散文虽没有冠以第一，却还是"第一"。如《落星墩·鄱阳湖》《遥望珠穆朗玛峰》《呼唤亚马孙》等。我想可能作者觉得"第一"更震得住，更典型，更有说服力。

上洋先生是读过万卷书、行过万里路、见过大世面的。他在担任九江市委书记期间，领导全市军民抗击98特大洪水；曾担任中央派出的党的群众路线教育实践活动督导组领导；在担任省委常委、宣传部部长期间陪同党和国家领导人出访。他的官场经历、读过的书、走过的路都融进了其作品中。或许是这个因素，他的作品有一种超凡的气势。

到《万里长江第一湾》看看吧。

文章开篇写道：“在云南丽江的崇山峻岭中，有一道十分壮美的景观，这就是万里长江第一湾。

大自然的鬼斧神工就是这样奇妙无比。从世界屋脊青藏高原奔腾南下的怒江、澜沧江和长江上游段金沙江，在巍峨绵延的横断山脉里并肩穿流。形成了世所罕见的‘川’字形三江并流大观。然而，就在人们认为这三条巨龙会继续以不可阻挡之势齐头向南奔腾的时候，长江却在丽江境内突然掉头绕了一个180度的

大弯，毅然地向北飘然而去，然后又折向东方，浩浩荡荡奔向太阳升起的地方。

这是一次果断的抉择。

这是一次伟大的转折。”

这段文字大气磅礴。气势恢宏，很是震撼。

长江是我们中华民族的母亲河，凡是涉及长江的文章或其他样式的作品都比较大气，让人阅读或观看后都会升腾一股热血。像早些年央视的电视专题片《话说长江》以及在这之后诞生的胡宏伟作词的《长江之歌》等，都有宏大的气势。记得20世纪80年代，我在北大学习时，中央电视台原副台长、《话说长江》的总撰稿人陈汉元先生来我们班上讲创作《话说长江》的过程及体会。在20多集的专题中，长江的壮丽景观、众多历史遗迹、名胜古迹、丰富的生态景观和生物资源以及解说词中恰到好处的抒情语言和中国人对长江的特殊情感，让我印象深刻。这部专题片曾开创了中国电视节目双人主持节目的先河，创造了万人空巷的奇迹和迄今为止纪录片收视率的神话。但是，单就整体的气势，《万里长江第一湾》对我的冲击力更大，文章一开头就把人给镇住了，似有吞吐长江之势，读后让人热血沸腾，心潮澎湃。我想，作者在形成这段文字时的心绪亦如长江翻江倒海，巨浪奔涌吧。

有许多名家大家的作品都是很大气的，但又各有不同的大气。刘邦的大气是“大风起兮云飞扬，安得猛士兮守四方”；杜甫的大气是“安得广厦千万间，大庇天下寒士俱欢颜”。而上洋先生散文的大气，不是那些震荡神州、惊天动地的诗句或格言警句，而是在文章的字里行间展现出来的大气度和盛大宏伟的气势，是一种将“心胸宽广”含在作品中的精神品质。上洋先生散文写作中的大气还体现在文章奇妙的构思布局中，体现在文章“过渡”的安排里，像《万里长江第一湾》《高路入云端》等都体现了这种特点。

如果你仔细品读上洋先生的散文，还会发现他也善于在小题材中开掘大境界、大视野，以小见大，引导读者领悟一种思想、进入一片广阔的天地，进而与作者一起同频共振，这已成为上洋先生散文写作的一个“绝活”。如《一张小桌和一首名诗》，讲的是毛主席在延安时期，在一张很小的木炕桌上，创作出中国文学史上伟大的杰作《沁园春·雪》。作者在叙述了一段故事后，话锋一转，竟然挖掘出了“没有小桌子，就没有一部部中国革命威武雄壮的活剧，就没有中国革命的胜利”这样一个宏大的主题。还有《故乡的小路》《悠悠青菜情》也都是以小见大的上乘之作。

“以大气成大器”应是上洋先生散文创作的写照。

充满着哲学的思考辨析。文史哲不分家。文学需要哲学思想的深度。

有很多历史书、哲学书写得很有文采，有较高的文学价值；也有许多文学作品写得很有历史和哲学价值。像诗圣杜甫将诗歌写成了“诗史”，司马迁的《史记》成了“史家之绝唱，无韵之离骚”。

哲学是思想的源头，哲学和思想作为人类思维的两个重要领域，丰富了人们的认识与见解。先秦诸子的散文都成为一家思想的学说，他们不但是文学家，也是杰出的思想家。

从古至今，凡是在文学上有一定成就的文人，都有深厚的历史学识和哲学素养。

杰出的作家同时也应该是哲学家。世界上许多伟大的作家都是哲学家，像尼采、卢梭、罗素和我国的孔子等。哲学思想对于作家是极其重要的，没有哲学意义的作品是没有生命力的，因此，有人说哲学是人类智慧的诗章。正因为哲学如此重要，柏拉图甚至提出要哲学家当国王。翻开中外文学史，哲学家同时又是文学家的还真不少。

而上洋先生的作品之所以有思想高度，能够打动读者，作者能够在当代文坛成为独树一帜的散文大家，除却文中真挚的情感外，最根本的就是因为他的作品中充满了智慧、哲理与思辨。

在《双头鹰的国度》中，作者从哲学层面深刻剖析了俄罗斯民族文化中的“双头鹰风格”，分析了俄罗斯人复杂的充满矛盾的“二元性格”的成因与表现。

在《废墟的辉煌》中，作者原先想象，意大利罗马应该是很美丽，很繁华的：可到罗马一看，没想到一切都是旧的，看到的是一个废墟的世界。但作者在罗马广场的废墟中漫步，脑子里却浮现出罗马昔日的辉煌。凝视这些废墟，作者转而“呼喊”：废墟是一种残缺的美，是历史的遗物和文明的见证。

在《失败的英雄》中，败军之将拿破仑是英雄，作者提出：

有时失败还会使英雄更具悲壮的色彩。

在《埃菲尔铁塔》中，法国巴黎不协调的建筑，却让他想到如果不敢标新立异，就不会有现代城市中各种各样的现代建筑艺术出现。进而作者提示：辉煌的艺术往往是在不协调中产生的，独特的风格往往是在非议中形成的，惊世骇俗的大手笔往往是在败笔中勾画出来的。

在《阿连德铜像》中，得出“有些人看起来失败却是最终的胜利者：有些人看起来胜利了，最终却是失败者”的结论。

在《滕王阁》中，他告诉人们，豪华建筑都是为统治者建造，供其享乐的。没有他们享乐，就没有名胜，历史就不会显得如此晕眩耀眼。有些大丑可产生大美，一些不朽的东西往往是从腐朽之中产生的。

这些文字，其实就是作者的“思想”，它渗着作者爱与憎和深沉思考，也使读者在阅读过程中，得以领略到哲学的智慧与美。上洋先生的每一篇散文基本上都承载着哲学的思考。哲理思辨性是上洋先生作品的一个极为显著的特点，也是上洋先生理论水平、分析能力、领导能力、综合归纳能力的集中体现。他的作品散发着哲学家、政治家的特质，具有一般的散文作家达不到的思想高度和理论高度，读他的作品，一股浓浓的“领导味”扑面而来，感到没当过大领导写不出这种高度来。

上洋先生是博览群书的，从他的作品中，可以断定，他不是死读书、读死书的那种，而是将书本知识消化后升华为才华。

上洋先生在谈到散文创作体会时也曾说，他大量地阅读了政治、理论、经济、文化、历史、哲学和科技等方面的书籍，使他提高了理论水平，拓宽了知识视野，增强了分析和观察问题的辩证思维能力。在市县的任职，进一步丰富了实践和阅历，对其散文创作起到了至关重要的作用。

正是有着深厚的哲学理论功底和丰富的人生阅历，使他思考什么问题、写什么题材的文章，都习惯用哲学思维，将其提到哲学的高度，使哲学变成强大的精神力量。例如《重复絮语》《失落的感悟》都属哲理散文。

你看看他在《好会栽禾的崽哩子》中写的插秧，得出的结论是“退步原来是向前”。活生生地把踩在泥水里的双脚写出了插秧的哲学。在《乡下放牛崽》中写道，有的牛容易长膘，有的牛无论怎么努力也养不肥时，论述了先天与后天的关系，写出了放牛的哲学。

上洋先生的作品因为充满智慧和思辨，使得他的散文有极高的辨识度。

具有超常的想象力。想象力是散文的灵魂。没有想象力的散文也将黯然失色。没有联想，就没了散文的丰富与厚重。

在上洋先生的散文里，想象力成了一道亮丽的风景。读他的散文，我们可以明显感觉到他情怀激荡，浮想联翩，思绪插上了想象的翅膀，飞翔在思维的天空，在思绪万端中挥就瑰丽多姿的文字。

还以《万里长江第一湾》为例，他由长江的大转弯，想到历史大转弯，想到长江第一湾下游不远处的遵义小城，在这里弯出了中国革命的光明前景，弯出了一个光闪闪的新中国。由此又联想到历史和人文的拐弯，往往会改变社会和人生的走向，从而赋予了拐弯深刻的思想内涵。紧接着又放飞思绪，联想到在历史的长河里关键性的拐弯会彻底改变社会发展的走向，会决定一个组织乃至一个国家的兴衰存亡，之后又由历史联想到人生，提出有时一个关键性的拐弯，会让一个人的前途命运发生根本性改变。他告诉人们，走直路不一定是好事，也没有直路可走，弯是自然界和人类社会的正道，是一种常态，一种品格，一种胆略，一种坚韧，一种力量，一种被扭曲的壮美，一种低调的崇高。

就这样“七拐八拐”，在读者面前呈现出一副深邃奇妙的人类社会发展的宏伟画卷。

再看《波涌浪卷西沙情》。面对波涛汹涌、浩瀚无垠的南海，他想起了解放军伟岸的形象，想起历代渔民开辟祖国海疆的壮烈情景……

由于他有了大量的知识储备，所以联想起来也得心应手，上下贯通，左右逢源。他的联想有时是跳跃式的，由政治想到经济，由文化想到科技，由现实想到历史，由今天想到未来，由中国想到世界。他已发表的200余万字的作品几乎是一部百科全书，读者通过他丰富的想象，不仅能欣赏到文中精彩的故事和优美的文字，从中还可以学习了解许多方面的知识。

独特的视角与观察的深刻。观察人与事物的角度独特，能够透过表象看到本质，在众多复杂的现象中找到事物间的内在联系和本质特征。这是上洋先生的散文给读者的又一个突出印象。

他往往能从不同的角度来观察、审视世间万物，对世界得出与众不同的理解与感悟。

在大量的作品中，我们可以感受到作者十分注意用自己的眼光去观察人、观察事。他在总结自己的创作体会时曾说：“要写好散文，必须具有独特的眼光，察人所未察，思人所未思，悟人所未悟，言人所未言，写人所未写，在前人已有答案的地方寻找新的答案，在别人熟悉的风景中发现新的风景。”

他的作品中，有许多对国外风情和景物的描述与反思，他观察分析事物的角度堪称“另类”。在素有“世界城市建筑展览馆”之称的巴西利亚，他看到的却是一条拓荒者的路，一条通过迁都带动巴西经济起飞的路。在《坎昆之殇》里，在人们欣赏这里美丽的风光时，他的心里却“有股说不出的滋味”。因为他想得很远，他随着思维飞到了3000年前，他想到在孕育了璀璨的玛雅文明的西班牙坎昆，却看不到玛雅建筑在当代的继承和发展，为这个伟大的人类文明的衰亡而深深遗憾。

《从高峰跌落的文明》一文，他亲自考察了埃塞俄比亚，当人们感到这里的经济文化异常落后时，他却在这里听到了诞生的最古老的足音，听到了从遥远的密林深处发出的第一声人类文明的啼响，看到了埃塞俄比亚灿烂的历史，想到为什么历史与现实会出现如此大的反差？作者在分析其根源之后得出的结论是“动乱”。进而向人们发出“动乱是发展的大敌，唯有稳定，才是一个国家走向文明昌盛的最响亮福音”的警示。这样与众不同的角度审视世界的作品还有许多，在这些看似轻松却十分凝重的文字里，读者能强烈感受到作者深沉的思考，听到作者心底的呐喊！

在将笔触投向世界的同时，作家更将视野投向生养他的华夏大地。

俄国批判现实主义作家契诃夫说：“文学家是自己时代的儿子。”

上洋先生观察时代，把握时代，书写时代，以散文拥抱时代，惦念着天下苍生，许多作品都在为时代呐喊，为人民发声。既有张载的“为天地立心、为生民立命、为往圣继绝学、为万世开太平”的壮志豪情，又有鲁迅的“无穷的远方，无数的人们，都和我有关”心系天下苍生的百姓之心。

他把目光投向人民群众，投向当下人们比较关注，迫切希望得到重视和解决现实问题，投向与老百姓生计密切相关的事物，作品多有“忧国忧民忧天下”。

在《落星墩·鄱阳湖》一文中，作者怀念曾经碧波荡漾、湖水清澈的中国最大淡水湖鄱阳湖中小岛落星墩，如今它变成了一片大草原。站在草地上，作者“心里非常难受，甚至有些疼痛”，他发出呼吁：“水是人类的生命之源，是人类文明的摇篮。千万不要把鄱阳湖饥渴难耐，当作新鲜奇异的风光，要保护地球。保护鄱阳湖的生态环境，保护鄱阳湖，善待鄱阳湖，就是保护人类自己。”

在《西双版纳纪行》里，他没有欣赏这里美丽的风光，而是把关注的重点投向了一种能把周围的树“缠死”的“绞杀树”。人们出于愤恨，提出要将这“凶手”砍了。作者认为自然界毕竟不同于人类社会，不能像对待人类社会凶手那样对待自然界的“凶手”。一物降一物本是大自然的规律，将“绞杀树”之类的“凶手”坎掉，自然界就会失去平衡，而一个倾斜的自然界是十分可怕的。这种观察与思考问题的视角，是需要足够大的视野的。

让我们再去听下《油菜花咏叹调》吧！在文中，作者从多维度多层面讲述油菜花，既赞颂油菜花的美丽，讲述油菜花的生长规律和油菜花与人们生活的关联，挖掘油菜花的象征意义，又指出个别地方，为了好看，供人参观，搞出只开花不结籽，结了籽也不榨油的变了味的油菜花，表现了强烈的忧患意识。我读这篇散文，感到这是——

一幅乡村春天的美丽画卷；

一堂阳春农事的生动网课；

一番油菜花观赏的辩证思考；

一则关注油菜花现象的温馨提示；

一段飘着人间炊烟的深情文字；

一篇开启认知油菜花新视角的深度美文！

这样出于忧患进行严肃思考，展开哲理思索，提出一些意见建议的散文还有不少，体现了作者高度的责任心，对百姓的关心关切之情，体现着党的领导干部作家心系群众的人民性。

非凡的勇气和胆识 。写作是一种思想情感的流淌，有人说勇气比才华更重要。作家的勇气就是坚持用自己的心灵说出对这个世界的感受和判词，而这种勇气不是每个作家都有的。现实中，不能直面社会现实问题，不能真实地反映自己内心的作家也是有的。

赏读上洋先生的作品，感觉他不仅在思想内容上见解精辟，语言优美，简练朴素，表现了高超的驾驭语言的能力，还有着一股巨大的勇气，敢于将自己的思想讲出来。看到什么事，观察到什么现象，心中有什么不同看法，能够大胆亮出来，不人云亦云，抒发自己的真情实感，脑袋始终长在自己的脖子上。

《江西老表》被认为是近年来国内文坛剖析中国地域文化难得的作品。在这篇万言的散文里，作者从历史、现实、文化、地域等方面对江西人的整体性格、品质进行了深入剖析，在提出江西老表优秀品质、文化性格的同时，也不客气不回避问题，指出老表性格的短处与缺憾。这种“揭短”是需要很大勇气的，也可能会“得罪人”，但作者出于公心，以凝重的笔触，对“家乡人”性格中的“问题”作出客观的、实事求是的分析和判别，也体现了作家的胸怀与大度。

除《江西老表》外，在《滕王阁》《万寿宫：江右商帮的精神殿堂》《鹅湖之辩》等多篇散文中，作者对一些历史事件和人物，也提出了自己的看法、见解与思考。在这里，我们看到的是作者敢于袒露自己心迹的勇气，是心底无私天地宽的博大胸襟。通过作者的这些认识、想法与建议，映照出他的正直善良与光明磊落。

如果说讲真话需要无私与勇气，那么反思同样需要勇气加智慧。上洋先生有好多散文对当代的一些社会现象以及对历史人物与事件，在深刻剖析其历史文化背景根源的同时，进行了深入的反思。比较典型的是《好望角》，作者在文中感叹，同是航海，葡萄牙人发现了好望角，郑和什么也没发现，反而消耗国力。

好一个反思！反思就是正视问题，反思更是推动人类文明发展、社会进步的重要力量。这种反思既来自作家的独立思考，更来自作家对真理的追求。上洋先生的散文正是有了这样的反思，才使得他的文字有重量感和震撼力。

三

2023年金秋季节，上洋先生的新书《难以攀登的美》出版了，这是他的第五本散文集。

沉甸甸的书，收录了上洋先生近10多年来的36篇散文，分为5 辑。同以前出版的几部散文著作一样，在这本散文集中，也抒发了对大自然的赞美，表达了对人类赖以生存的生态环境的关注以及对祖国对家乡的爱恋与感恩，其中许多篇以前也看过。令我耳目一新的是第三辑收录的《永远的布达拉宫》《遥望珠穆朗玛》《飘过国界的哈达》等8篇散文，这是作者根据自己担任中央督导组副组长期间，在西藏调研时积累的素材和见闻所写下的所思所想所感所念所悟所叹。这些文章描述了雪域高原的自然风光、历史文化以及西藏在新中国成立后发生的巨大变化，反映了作者对这片神秘土地的热爱和深情礼赞，让人们领略到别样的藏族风情。

印象最深并激起我兴趣的还是集子的第五辑散文，作者写他的家乡和他童年及青少年时期的往事。

第五辑共有7篇，约5万字，开篇是《拾取娃声一串》，主要由作者童年时代的一组故事集纳而成。顺着这串“娃声”，我们可以看到这位地道的农家子弟，何以成长为党的高级干部？又何以成为独树一帜的散文大家的源头，从中可以追寻作者的成长足迹。

“娃声”告诉人们，作者独特的气质与性格是从泥土里长出来的。

上洋先生在20世纪50年代初出生于江西省九岭山脉中段安义县北面的一个叫珠珞的小山村。这里群山环抱，树木葱郁，环境优美，空气清新。尤其是村头的那片具有700多年历史的呈一字形排开的古老樟林，让这个小山村有了几分神秘感。据说，这个村子里的刘姓人家是汉高祖刘邦的长子齐惠王刘肥的后裔，先后由江苏徐州迁移江西饶州、德安等地，最后定居安义。这一说法能否成立，依据不详，无从考证，但可以确定的是，几十年前这里与全国的农村一样贫穷、落后、交通闭塞，甚至还有几分封建。作者在这块美丽又贫瘠的土地上学习生活了20来年，对农村生活有着切身的体验和深刻了解。所以这一辑描绘出了农村生活的真实图景，写出了原汁原味的乡土味道。

我自己生在城里，长在农村，对农村的了解感受体验远多于城市。上洋先生大我几岁，但他经历过的我也经历过，文中所写的那些人，那些事，那些情，那些景我都很熟悉。散文虽不是写我，但感觉就是写自己。这使我想起电影《上甘岭》插曲《我的祖国》那首歌，曾有人问歌的词作者乔羽老先生“一条大河波浪宽”中的大河指的是哪条河？乔羽先生说不是特指哪一条具体的河，而是家家门前都有的河。我想上洋先生第五辑写他的农村生活和成长经历，大概就是“一条大河波浪宽”中那样的一条“河”。

毫无疑问，作者无论是从政还是从文的成就，都是妥妥的成功人士。他的成功来自哪里？集子的第五 辑散文给了答案。

成功从吃得苦中苦中来。吃苦是成功的必由之路。没有一个人是带着一肚子唐诗宋词出生的。正像鲁迅先生所说，没什么天才，每个人生下来第一声都是啼哭，没人一出生就是一首好诗。没有一个人随随便便可以成功，同所有农村长大的人一样，作者在家乡放牛、劈柴、开荒、种地、犁田、翻土、春插、双抢、秋收秋种、兴修水利等样样农活他都干过。

作者曾回忆道，小时候，他家里穷，生活很困难，有时甚至挨冻挨饿。他上中学时，靠着一条薄薄的棉被，一半垫一半盖过冬，常常在半夜被冻醒。遇到寒潮冰雪天，坐在教室全身发冷，只能默默咬牙坚持。

作者描述那时的生活状况时说："穿不暖吃的也差。每周从家里背六斤大米到学校交给食堂，早餐一碗米粥两个馒头，菜是自己带的，每个星期从家里带一竹筒子菜，大多数时候是芥菜腌制的咸菜，有时咸菜里再加几块小腊肉，最好的是干辣椒炒小鱼干。"

一篇《米粉的力量》让人心酸。那年，作者考上县城中学，父亲送他去县城上学时，他才第一次吃到肉丝炒粉，因为要省钱供他上学，父亲仅给上学的他买了一碗，自己却吃的是米饭。他想把一半米粉拨到父亲碗里，但被父亲推了回来。读着读着，我被震撼到了。我想起了朱自清《背影》里的父亲，不由得鼻子发酸。然而，就是这碗在今日看来"不屑一顾"的米粉，却产生了"物质变精神"的奇特效应，给作者带来了巨大鼓舞，他决心好好读书，为了今后能吃上更多的米粉。

吃过苦的人是不怕吃苦的。因此，上洋先生刻苦学习，刻苦创作，一路苦来，才有了今天的收获。

成功从良好的家庭教育中来。作者的父亲是个文化人，有涵养，作者本人虽是家里的“独苗”，是父母的“宝贝疙瘩”，被父母视若掌上明珠，但父亲对他的要求非常严格，也对他寄予厚望。在这一辑的散文里，作者有多篇都提到父亲。在这些朴实的文字里，一个老实厚道、家教严格、心地善良的父亲形象跃然纸上。

最典型的是《学前“练功”》。

作者6岁那年的端午节，父亲去县城，说是要给他买东西。

他等了好半天，满以为过节父亲会给他买些好吃的，结果让他大失所望，父亲却买了一些纸和笔，要他认字写字，说将来要有出息就得好好读书。

虽说作者是独子，父母宠爱，但父亲对他的学习管教是非常严厉的。父亲布置的学习任务必须按时按要求完成。有一次，他因为同几个小朋友去划水耽误了作业，被父亲知道后，对他就是一顿猛打，直到母亲出面“求情”，直到他连声说今后再也“不敢，不敢”父亲才住手。固然，棍棒教育的方式不可取，这也反映了当时农村普遍存在的“不打不成器，棍棒底下出孝子”的传统观念，但另一方面，父亲望子成龙心切的心情也是可以理解的，尤其是在当时农村那种环境条件下。

如果说《学前“练功”》是言传，那么在《乡下放牛崽》《地道农家》等文章中则体现了父亲的身教。

《乡下放牛崽》里记述了这样一件事：作者家养了一头黄牛，很肥壮，后来公社成立要将牛归公，由生产队派人放养。但实行一段时间后，效果不好，队上又把耕牛分给每户放养。开始时父亲满以为会把他家原来的那头黄牛划给他家，不料，队长却把他家的牛分给了别人，给了他家一头弱小的黄牛。他有点想不通，为此，父亲解释说，人家人口多，咱们家人少。于是，没有怨言默默地领回了这头小黄牛。

父亲传给他的是“宁可自己吃亏，也不去跟别人计较”的思想。在《地道农家》中，作者讲述：1958年，村里办起了食堂，生产队长要将他家的房间全部打通作为吃饭大厅，而村里有的人家房子比他家大多了。父亲虽有所犹豫，但还是答应了，这样，全家人只好挤到厨房里住。

还有一次，一个村干部要紧挨着他家做一栋新房子，提出利用他家的墙面不再砌墙，他父亲不同意，可那人硬要坚持，父亲也只好作出了让步。

在父亲“身教”影响下，年少的他也学会了隐忍。作者上中学时，有一次，同班一个同学看到他带了一竹筒子萝卜丝炒小虾，那个人趁他去图书馆看书时，悄悄地吃了个精光，害得他只好到街上买了半斤酱油，用酱油拌饭，吃了一个星期。后来，他知道了是谁干的这事，心里虽然十分气愤，但还是强忍着没发作，就这样，一场可能闹出矛盾的闹剧就在他的忍气吞声中化解了。

有人说：伟大是折磨出来的，成功是忍出来的。历史上因“忍”而成就一番大业的人物有许多，越王勾践的卧薪尝胆、西汉大将韩信的胯下之辱，还有西汉开国皇帝刘邦、《三国演义》中的刘备、司马懿等都以忍成就了大事，成了人生赢家。

成功从心地善良中来。善良比天赋更重要。了解上洋先生的人都知道他工作起来是个急性子，有时也发“火”，但他心地善良，与人为善，过去了就烟消云散。他这种善良之心是年轻时就有的。从《吃派饭》一文中可以看到许多感人的细节。

“吃派饭”是指上级派到农村生产大队蹲点的干部实行“三

同”（同吃、同住、同劳动）期间，由生产队每户人家轮流供其吃饭，蹲点干部按规定交付餐费。农村的这种吃派饭的做法，实行了多年，很多地方老百姓将这种吃派饭的干部统称为“工作同志”。轮到自己家时，一般都会把家里最好吃的东西拿出来招待“工作同志”。作者那时已是公社的工作人员，有资格吃派饭了。

从这篇散文里讲述的几件事，读者可以感到作者对农民的体贴。文章写道：在农户家吃派饭时，他看到桌上的“美食”，总是感动，不忍心动筷子，就是动筷子也是象征性地做个样子，因为他想到农民平时根本吃不上这些东西。一天，他到一户农家吃派饭，刚上桌端起饭碗，主人家的4个小孩也跟着爬上桌，三下两下把菜碗里的肉全部抢吃掉了。主人上桌发现后，气得直瞪眼，对4个小孩呵斥了一番，并给了每人一巴掌，小孩们哭着下了桌。作者心里却很不是滋味，对主人说：“小孩吃了就等于我吃了。”

另一件事是作者去一社员家吃饭时，这家人桌上就放着一碗青菜、一碗咸菜，外加一碟霉豆腐。主人感到有些不好意思，但作者却笑着吃了起来，边吃边和他拉家常。从主人口中得知，因家里实在拿不出什么好菜，为了他吃这餐饭，头天晚上农户主人硬着头皮到哥哥家里想借个鸡蛋，但被嫂子毫不客气地拒绝了。作者听后劝慰、鼓励了主人一番，让主人感到干部是把每一家都放在心上的，不论家境好与差，都不会另眼相看，临走时作者还特意多给了主人一点钱和粮票。

还有一次，作者去一户青年人家里吃饭，刚走到门口，就听到夫妇俩为没钱买儿子读书用具的事在吵嘴。他马上转身跑到商店花了两毛钱买了铅笔和笔记本，送给了主人的儿子，夫妇俩转怒为喜，马上和好了，并连声对他表示感谢。通过这一件件、一桩桩感人肺腑的小事，读者会发自内心赞叹作者真是个有情有义、心地善良的好人。好人总会有好报的。

成功从坚定的理想信念中来。作者自小好学上进，不到20岁就入了党，成为乡里的干部，一直受到组织的重用。在他心中装有一台永不熄火的发动机，这就是坚定的理想信念。《大学梦圆》一文生动地体现了他执着的追求。

他从小就有大学梦，一直没放松学习，平常素日，他注意积累知识。机会总是留给有准备的人，当高考的机遇降临，他各科成绩优秀，尤其是语文，考了85分，全县第二名。虽然，后来由于特殊的年代出现的“白卷英雄”突发事件，考试成绩被作为“旧制度复辟”而被取消，不作为录取的重要依据，改为以推荐为主，但毕竟通过考试，他的实力得到了证明。

正是作者坚持不懈的努力，才有了大学圆梦；正是梦圆大学理想的实现，给他插上了成功的翅膀。

如记得一位名人说过：“如果一个人充满信心地朝着他的理想迈进，他常常会有意想不到的成功。”上洋先生便是如此。

大使夫人江西情

——访司徒双女士

在非洲西北部的摩洛哥王国，中国大使完永祥夫人司徒双女士是一位颇有影响的人物——她走遍摩洛哥十几座大小城市，举办“中国艺术史讲座”，在摩洛哥掀起了一股中国文化热；她以《从法国17—18世纪的装饰艺术看中国的影响》为题，在巴黎苏尔本大学通过博士论文答辩，戴上了博士帽；她利用通晓法语、英语和西班牙语等多种语言的优势，在摩洛哥上层人士中，在大学里，在世界各国驻摩洛哥的使节和夫人们中宣传介绍中国文化，广泛结交各国朋友，受到人们的高

度评价。一位驻摩洛哥的欧洲国家的大使称:“司徒双女士才华出众，知识渊博，具有很强的活动才能，这在世界各国驻摩洛哥的大使夫人中是少有的，她是具有五千年文明史的中国当之无愧的代表……

就是这位大使夫人，胸中裹着一颗赤诚的“江西心”。几年里，她在异国他乡，积极地宣传江西，以其特殊身份，在摩国上下活动，向摩国人民宣传介绍江西的历史化、资源优势、名优产品等，不遗余力地为江西牵线结桥，成为江西走向摩洛哥的“开路人”。司徒双同任期已满的丈夫完永祥大使回国后，笔者在北京拜访了她。

最难忘却江西人

司徒双女士是20世纪50年代从新加坡回国的归侨，祖籍在广东开平县（现为开平市），1957年毕业于北京外国语学院法语系。她出生在一个颇有名望的知识分子家庭，父亲早年毕业于燕京大学，就是那位被鲁迅先生称为“以他自己的力，终日在画古庙、土山、破屋、穷人、乞丐……”的司徒乔君——后来的中央美术学院著名爱国华侨画家，母亲冯伊湄也是早年复旦大学的才女。司徒双的一家三代，几乎都同江西有“缘分”，建立了一份特殊感情：司徒乔老先生同江西的著名国画大师傅抱石是一对交情甚深的画友；冯伊湄女士同庐山植物园第一任院长陈封怀先生是青年时代的好朋友，两家人一直保持着密切联系。用司徒双自己的话说：就是在江西有一个“叔叔”，一个“伯伯”。司徒双的丈夫完永祥，在“文革”期间，曾在外交部开办的上高农场劳动了一年多，当时，他任农场一连连长，负责建房。现在那里还有他亲自组织和参加建造的房屋。至于司徒双本人，对江西的印象那就更深了。

1938年，还是孩提的她，就随同父母及两个姐姐一同逃难来到九江，在浔阳江头熬着最辛酸的日子。1972年，她同母亲带着儿子和女儿在庐山住了一段时间。两度来江西，都是在我国历史上的非常时期。具有奇特意味的是，兵荒马乱岁月的颠沛流离和“文革”动乱的忧虑生活，却留给司徒双对江西美好而深刻的记忆。

她向笔者谈及了1972年她在庐山遇到的两件事：一次是一

家电影制片厂在庐山拍电影，当时围观的人群很多，她那不满5周岁的女儿司徒完满也挤在人群中，电影拍完了，小完满跟着“群众”后面走，路越走越远，人越来越少，不知不觉就走到了芦林桥，小完满发觉不对头，又不认识回家的路，便站在大桥上“哇哇”地哭起来。而司徒双正为小完满的丢失而焦急万分，四处寻找。就在这时，东方红派出所的一位民警将小完满送到了家。几十年过去，小完满已长大成材，在加拿大取得比较文学博士学位，现为加拿大联邦翻译局口译室首席翻译。现在，司徒完满对在江西生活的那一段情景已记不清了，只知道庐山有个东方红派出所。而对司徒双来说，却永驻了一段母亲找到女儿的心情。

还有一件事是：司徒双邻居的一个小男孩，常同儿子完强和女儿完满一起玩耍，3个孩子情同兄妹。一天，小男孩来找兄妹俩玩，正好司徒双带他们外出了，那小男孩便一直在她家门口等，待司徒双他们回来时，发现那小男孩伏在她家的门槛上睡着了。说到这里，司徒双脸上掠过一丝中老年人特有的深沉母爱表情，说道：“不知这孩子现在在哪里，真想见见他。”转而，她继续说，“江西人真好，重情义，老实、厚道，给我印象最深的还是老表。”

她看江西是块宝

阔别了20年之后，司徒双于1991年底和1993年5月中旬两次来到了江西。前一次是随外交部组织的驻外使节参观团来的，当时，正值摩洛哥王储访华，完大使要在京陪同，离不开。满怀的一腔对江西的怀念之情，她感到错过这次访赣将是一件憾事。于是，她自告奋勇，“独身”来江西，成了使节团里大使夫人们中的唯一“女单身”。1993年5月，应省有关方面和景德镇市政府的邀请，她同完大使一起再次来到江西。“踏上江西的土地，就有一种回家的感觉，特别亲切。”司徒双用这句话“点”出了到江西的内心感受。

这两次来江西，司徒双先后到南昌、吉安、宜春、抚州、九江、景德镇、鹰潭7个地市的部分工厂、农场及旅游景点进行了考察访问。她走到哪里，都听得认真，问得仔细，还不时做点记录。1991年随使节团来江西时，每到一地，她都要“钻”进去，看个明白，问个究竟，因此经常“掉队”。在车上清点人数时，使节们开玩笑说："司徒双一到就都到了。"通过两次来访，司徒双对江西的认识更全面、更深刻了，她为江西改革开放所发生的巨大变化和经济建设的成就感到由衷的高兴。谈到最近这次访问江西的印象，司徒双说："不到两年时间，江西就当刮目相看，九江长江大桥和昌九一级公路通车了，南昌、九江、景德镇等地到处都在施工搞建设，江西的飞速发展真令人振奋。"

司徒双女士长期在国外工作和生活，走遍了东南亚所有国家，到过非洲、欧洲、拉美和北美的几十个国家和地区，可谓是个"见多识广者"。在两次考察江西之后，她认为江西的确是个好地方，具有很多方面的优势，在许多方面，不亚于世界许多国家和地区。

她认为江西有许多东西对外国人有吸引力，在国外是可以叫得响、打得进、站得住的。比如资源，江西的地表、地下资源非常丰富，可以说遍地是宝，这是一笔了不起的财富，对外国商人有很大的吸引力。又如，江西的名胜古迹和旅游景点很多，而且景观质量高，像庐山、井冈山、滕王阁和景德镇市内的一些明清建筑等都很有特色，这些景点，要放在国外那可要赚大钱。以这样的景点搞旅游，可以吸引大量海外游客。“再比如”，司徒双如数家珍似的说出了一连串“比如”：江西有许多名优产品在国外是很受欢迎的，尤其是余江木雕，很有中华民族特色，在世界各地都会受到欢迎；共青的羽绒服装，也会受到外国人的喜爱，在国外也会有市场的。说到景德镇的瓷器，司徒双更“来情绪”了。她说、景瓷是江西的宝中宝，在国外享有盛誉，非洲的一些国家，有许多家庭都有祖传下来的景瓷，人们以拥有景瓷为荣。她告诉笔者，前一次到景德镇参观，买了不少“小寿星”“小和尚”送给了摩洛哥的一些朋友，他们高兴极了，当作宝贝珍藏起来。

对江西了解越多，司徒双越感到江西的可爱，因此宣传江西也就越有"劲头”。她像一个流动的“江西电台”，到法国、到留尼旺岛、美国和加拿大等地，将江西的优势和具有特色的风光及产品介绍给外国朋友，引起了许多外国人对江西的兴趣。特别是在摩洛哥，她利用各种场合宣传介绍江西的情况和发展变化。在她的“鼓动”下，许多摩洛哥人对江西产生了好奇感和向往。摩洛哥前行政大臣听了司徒双的介绍后，决定带夫人和女儿到江西考察木雕、竹制家具和瓷器的生产情况，并寻求与有关厂家合作。“不过，”司徒双介绍到这里，突然话锋一转，“一家人不说两家话，江西在国外的影响还是很小的，真正了解江西的外国人不多，应该重视和加强对外宣传，提高江西在国外的知名度。”

乐为瓷都当“红娘”

原本是北京外国语大学西方文化和艺术史教授的司徒双，对陶瓷文化有较深的造诣，深刻了解景德镇陶瓷在世界的地位和影响。她对景德镇也由此多了一份“偏爱”。可是，她在国外市场上很少见到景德镇产品。“景德镇名气很大，却养在深闺”，司徒双不时有这样的感叹。她想到摩洛哥人很喜欢景瓷，尤其是摩洛哥“瓷都”萨菲市对景德镇怀有崇敬和仰慕之情，在萨菲还专门设有一家仿制景瓷的工厂。景德镇瓷器在摩洛哥具有很大的市场，完全可以打进去。于是，在1991年参观江西后、司徒双就主动提出要为景德镇办两件事：一是在摩洛哥举办一次陶瓷展览；二是帮助景德镇与萨菲市结为友好城市，以促进两国陶瓷文化的发展，进而带动江西与摩洛哥各方面的交流与合作。返摩后，她积极寻找机会，同摩有关方面洽谈此事。在一次有亚洲各国驻摩大使参加的亚洲文艺晚会上，完大使和夫人司徒双被安排坐在主桌(按惯例、大使排名均以到所在国的时间为序，完大使当时是亚洲各国最早的驻摩大使)，同摩国文化大臣本伊萨(后任摩洛哥驻美国大使)在一起。此时，洽谈展览，其场合和气氛都是最适宜的，司徒双灵机一动，瞧准机会，同本伊萨大臣亮了“牌”，引起了大臣的浓厚兴趣，大臣当即就决定以摩洛哥文化部的名义邀请景德镇参加艾绥拉第十五届国际文化节，并责成艺术局长麦里希具体负责。此后，司徒双又不断给双方传递信息，还就如何办好展览、运输展品、布置展馆给景德镇以具体指导。为扩大景德镇陶瓷展览在摩洛哥的影响，司徒双在摩上层官员中四处活动，鼓动他们前来参观和购买展品。

“那次展览是很成功的，长了中国人的脸。”司徒双接着介绍：景德镇的展品摆在第一展室最突出的地方，开幕时，摩洛哥首相和文化大臣、教育大臣以及一些银行家等高级官员先后来到展室。摩首相参观展览，这在艾绥拉文化节举办以来还是第一次。完大使和司徒双也应摩官方邀请参加了开幕式，这也是这次文化节邀请的唯一的大使和夫人。展览在摩南部的萨菲省举办时，其规格之高，场面之隆重，是前所未有的——展览地点设在摩国家陶瓷博物馆；展馆上空升起了中摩两国国旗；展览开幕时，摩国仪仗队奏起了迎宾曲，乐声中，少年儿童向完永祥大使敬献鲜花，萨菲省省长麦沃·阿依内伊尼先生亲自剪彩。这种“国宾式”的礼遇，令中国人感到骄傲。这次展览，不仅在摩洛哥产生了轰动效应，而且也获得了经济收益。据了解，展团带去的178个品种240件(套)产品，除捐赠给艾绥拉残疾人协会的20余件外，其余在几天内销售一空，卖价是成本价的两倍。

为了促成景德镇市与摩洛哥萨菲省省府萨菲市结为友好城市，司徒双进行了多方面的工作。在摩洛哥期间，她找摩国政府官员联系，同萨菲省省长商谈，与萨菲市官员研究，又将摩方情况及时通报给江西;回国后，她同完大使马上飞来南昌和景德镇，同萨菲省和景德镇市有关领导商谈缔结友好城市事宜。返回北京后，她又立即找到摩洛哥驻中国大使，递交信件，通报有关情况。在我驻摩使馆的支持和司徒双的努力下，景德镇市与萨菲市终于缔结为友好城市。

“为江西办成这两件实事，我感到很欣慰。”司徒双在介绍上述情况之后说道，“今后有机会，我还要努力为江西多做些宣传和实际工作，这算是表达我的‘江西情感’的一种方式吧。”

采访结束了，望着这位于高贵典雅的气质中给人以热情和平易感的大使夫人，笔者内心充满一种作为江西人的感激，禁不住“迸”出一句：“司徒老师，不！大使夫人，您的感情和心已加入江西籍了！”

永远的运河之子

——忆刘绍棠老师

我的学生时代是在南昌度过的，刘绍棠并非我原汁原味的老师。虽非原汁原味，但他却实实在在做过我的老师。

绍棠老师从小就是“别人家的孩子”。我出生的那年，他就已经就读北大中文系了，我们差不多是两代人。20世纪70年代初我在驻山西部队当新兵的时候，就听我们连队指导员讲过他的故事。指导员也是北京人，他知道我爱好写作，就跟我说起50年代在北京有个天才神童作家叫刘绍棠，13岁时开始发表作品，上高一时，其作品就编入了高二课文。因此，我从年轻的时候起就崇拜绍棠老师，是一名“原生态”地地道道的“棠粉”。

后来，我调到了北京。改革开放后，我国文学领域率先活跃起来，文坛生机勃勃，一派繁荣景象。大批新老作家纷纷闪亮而又隆重登场，各种样式的文学新作铺天盖地，各类的文化补习班、文学讲习班、培训班似乎在一夜之间遍地开花，尤其是在北京这样的文化底蕴深厚、文学创作氛围浓郁的大城市，文学培训班尤其兴盛。由于喜欢文学，1979年初，我报名参加了北京市延庆县（现为延庆区）举办的文学讲习班，没曾想培训班的主讲老师就是刘绍棠。

第一次见到绍棠老师，是在县委大楼旁边的一栋小高层楼房的教室里，听他讲授文学创作的经验体会。绍棠老师标准个头，身体微胖，声音洪亮，架着一副黑色宽边眼镜，身上透着一股书卷气，温文儒雅，文人气质很浓。因为对绍棠老师原来就印象极深，现在他就在眼前，近距离听他讲课，心里有点激动。当时参加这个文学班的穿军装的现役军人好像就我一人，我坐在第一排中间的位置，认真地听，仔细地记。

记得第一课的开场白是从他的年龄开始展开的。

绍棠老师出生于1936年，到1978年，他获得创作自由时正好42岁。他把自己的年龄辟为两半，1957年21岁开始被打成“右派”，随后被开除党籍，当了21年“右派分子”，整整耽搁了21

年，因此他经常说自己要“从21岁开始”。

是啊，有着“天才”“神童作家”之誉的绍棠老师，美好的青春年华却经历了沉重的精神压力。绍棠老师表现出来的对党、对国家、对社会主义的高度忠诚的情怀、豁达大度的政治品质与格局，让我十分感动，我的心灵受到极大震撼。那时我对这位“三观”正确的绍棠老师满怀深深的敬意，心想自己太幸运了，遇到了一位有才华、有格局、有胸怀的好老师。

绍棠老师讲课诙谐幽默风趣，语言活泼生动，有时慷慨激昂，话语中带着鲜明的思想和坚定的信念，很有感染力，让人听后很受教育和启发。也许是由于我是培训班唯一的现役军人，又是一副认真学习听讲的样子，因而引起了绍棠老师的注意，到了课间或下课后我都会找绍棠老师作个别请教交谈，后来他给我留了联系电话和住址，并热情邀请我有空去他家做客。

就像现在的文学爱好青年对自己崇拜的偶像有一种天然的亲切感并乐于围绕偶像转一样，我也喜欢与绍棠老师靠近，觉得他是一位可亲近的人，同时也感觉得出来，绍棠老师对我的信任和好感。

于是，我在北京当兵的那段时间里，与绍棠老师有了较密切的联系，经常到他的住处看望拜访他。

当年，绍棠老师家住在北京西城区府右街光明胡同45号。

光明胡同紧邻中南海西门，与中南海只有一墙之隔。这里曾是元代皇子居住的地方，清代称为光明殿胡同，1965年改为光明胡同。绍棠老师的这套房子，从外面看好像是个四合院，因为北面没有房间，没有合围起来，其实是个三合院。院子也不是很大，其中有几棵高大的枣树和槐树，共有5间住房，1间厨房，进门的左侧有一个厕所。据绍棠老师自己说，这套房子是他1957年用稿费购买的，一共只花了2500元。绍棠老师从1957年至80年代末都在这里居住。

当年我是光明胡同45号的常客，那时只有他和他的夫人曾彩美老师住。他的三个孩子都大了，工作了，有一个小孩在美国读书。

其实那时绍棠老师的时间是很紧张的，他自己给自己压了很重的任务，又因为刚平反不久，常有许多老朋友、老同学来看他，也有许多出版社、报纸杂志社找他约稿，他忙于创作“还债”，所以他对接待客人是有限制、有要求的。但绍棠老师却对我网开一面，给我单开“小灶”，说欢迎我随时来，只需要提前打个电话就可以了。我来看他，一般坐一会儿，同他聊上一两个小时就会离开（实际上主要是听他讲）。我每次都是空着手来，连水果都没买过，那时也不兴送礼，也没有送礼的概念，绝大多数人也送不起礼。有时他也会留吃饭，但我觉得吃饭很麻烦，因此我与老师聊一会儿，到吃饭前我就会执意离开。

去绍棠老师家的次数多了，就会经常碰到前来看望他的朋友或同学。那时我也就20出头，他的这些朋友或同学都比我年长不少，遇到他们，我只有听的份，一般不会插话。我知道，这些人差不多都是长辈，都有奇特或不平凡的经历，说不定每个人都是什么人物呢！只有同绍棠老师两人在一起聊时，我有时会请教他一些问题，他总是给予热情解答。现在印象比较深的大概请教过这样一些问题：比如我问绍棠老师：“您这么有成就，是个著名的大作家，您希望您的子女当作家吗？”他摇摇头，说不想让他们当作家，希望他们学理工，做点实事。就他50年代从北大中文系退学的事我也问过他，我问他：“50年代您在北大中文系读书，为什么一年后就退学呢？在北大系统地接受教育，学习文学理论，学习研究古今中外文学作品不也是作家所需要的吗？”他说中文系所开的课程，对他的创作没有什么直接的帮助，而且还要付出很多时间和精力应付课程，严重影响创作。

一段时间后，与绍棠老师更熟悉了些，我什么都会问，没什么顾忌。记得有一次我问他：“您被打成‘右派’那么多年，几乎看不到有出头之日，您是什么时候觉得自己的问题有希望解决的？”他说，是在“文革”开始不久之后，大批的老干部、老作家都被打倒了，他说这么搞下去的结果肯定好不了，“运动”搞不下去了，而自己的问题肯定会得到解决。

那时“文革”结束不久，我虽然知道北京有老舍、曹禺、王蒙等一批重量级的名家，但是实话说，我当时对他们还没有怎么关注，当时我比较熟悉和关注的是作家浩然。浩然的本名叫梁金广，他的长篇小说《艳阳天》《金光大道》反映了社会主义农村巨大变革的历史进程，在全国影响极大，被誉为一个时代的记录。浩然的文学成就在中国文坛留下了深刻的印记，影响了无数读者，记得当年为了买浩然的小说，我还在山西当兵，步行10

多千米走到县城新华书店去买。在我的成长时期，我国文坛最有影响力的作家也非浩然莫属。在进入新的历史时期后，我仍觉得浩然还是党的作家，人民的作家，广大人民群众对浩然的作品是认可的喜爱的。我对浩然的现状依然有兴趣，也很关注。浩然比绍棠老师大4岁，两个人都生长在冀东大地上，都从事专业文学创作，都是写农村题材的。他们写农民，为农民写，虽然二人在文学的道路上同时起跑，但他们此起彼伏，都有各自不平凡的经历，也都取得了文学创作的巨大成就，我感觉绍棠老师对浩然应该是比较了解的，于是，我便打听："浩然现在在什么地方？怎么样了？有什么问题吗？"绍棠老师说："浩然现在很好呀，没什么问题，我们在一个创作室呢。"听得出他与浩然的交情还是蛮好的。

20世纪70年代末80年代初，我刚开始学着写文学作品，但常常卡壳，往往要停下来，看一会儿书报，从中得到一点启发，思路才能打开，才会来点"灵感"。我以为这是因为自己笨，或者是自己还没有找到什么创作"诀窍"所致。记得有一次，我到绍棠家，向他请教，问他："您写这么多作品，写得那么生动形象，还写得那么快，您需要通过阅读来获得灵感吗？”他不假思索地说：“那当然需要了，没有谁写作是全凭自己的想象而不需要阅读来获得启发和灵感的。”他还对我说，创作主要是要深入生活，观察和体验生活，没有什么特别的秘诀，就是要多想、多看、多写、多比较。他说年轻时创作的一大好处是有激情，但缺少生活经验，年纪大了写作，激情不如年轻的时候，但有经验，阅历丰富，各有优势。

哦，“天才”的写作也要苦思冥想，也要“凭借”阅读。简短的几句话，道出了创作的“真谛”。

其实这也是他的经验之谈。

绍棠老师从青少年时代起就喜欢看书，阅读非常广泛，读了许多古今中外名人名著，从阅读中受到启发。他开始创作时也是模仿，他说他的第一部长篇小说《大运河的女儿》就是通过阅读《吕梁英雄传》和《新儿女英雄传》之后的仿造之作。他读鲁迅，从鲁迅的小说中汲取营养，学习研究鲁迅作品的人物刻画、场景描写等。他喜欢外国文学，喜欢塞万提斯的《堂·吉诃德》、马尔克斯的《百年孤独》，尤其喜欢巴尔扎克，他差不多读遍了译成中文的巴尔扎克的小说。他从这些名人名著中寻找启发和灵感，汲取对自己有益的养分。在外国文学中，他最喜欢俄国文学，普希金、果戈理、托尔斯泰、屠格涅夫的作品看了不少，尤其是对肖洛霍夫更是情有独钟。他对肖洛霍夫《静静的顿河》爱不释手，常常带在身边，随时翻阅，有时还会为书中的人物故事情节感动得痛哭。他说肖洛霍夫在他心中有至高无上的地位，肖洛霍夫对他的创作产生了巨大的影响，他从北大退学之初，回到老家定居后写的一部长篇小说《夏天》就是仿效肖洛霍夫的。正是肖洛霍夫和他的《静静的顿河》让绍棠老师确立了走“中国气派、民族风格、地方特色、乡土题材”的文学创作道路，并以此主导自己的文学创作。他把专写北运河的乡土乡亲，作为自己文学创作的主攻方向。

其实，绍棠老师并没有读完大学，他上大学之前和从北大退学后，都如饥似渴地读了许多书，学习研究了许多经典名著，可以说，他是个自学成才者。我曾到他的卧室、书房看过，堆满了各种书报，我想他写的那些作品，除了他的生活阅历、天赋、写作经验外，与他大量的阅读是分不开的。

每次和绍棠老师交谈和向他请教都是轻松愉快的，尽管时间不长，但是都是“干货”，收获满满。实话说，我读绍棠老师的小说不多，但我喜欢看他的小文章或言论稿，他的小文章观点鲜明，有思想、有骨头、有旗帜。有好几次，他的稿子写完了，但还没想好题目，会把稿子给我，让我一起帮他想，我那时既是初生牛犊不怕虎，也是“丑媳妇不怕见公婆”，斗着胆子说出我想的题目，均被他摇着头否定了。我当然很清楚，他让我一起想题目，是在对我“测试”，是对我另一种形式的信任和鼓励。

人往往总是这样，不管你官有多大，名气有多大，一旦熟悉了解了，就会冲破等级与年龄的差别，之前的胆怯、紧张、不随便、拘谨等，都会自然散去。尤其是当双方在对待人与事物的看法观点一致，认识相同，有了共同语言，还会成为好朋友。

绍棠老师平易近人，有副热心肠，对文学青年爱好文学者热心帮扶和培养。他善于言谈，心直口快，性情豪放，我很喜欢听他讲话，他好像也需要有喜欢听他讲话的倾听者。每次基本上都是他包场，有时谈兴正浓，就刹不住车，他对我这个还算是他比较信任的新生，更是放得开，从不设防戒备，毫无保留地和我说过许许多多。从他那里，我知道了许多原来不知道的事物，学到了许多东西，在我眼前，展现出一个深远明亮、宽广的大千世界。

绍棠老师给我讲他的人生经历，讲他在解放初期赶上了好时代，他说他十分怀念那个唱着“解放区的天是晴朗的天，解放区的人民好喜欢”的时代，并庆幸自己赶上了那个令人欢欣鼓舞、扬眉吐气、心情舒畅、激情满怀的社会主义革命和建设的时期。他给我讲他对时局和当前形势的认识和看法；谈他的创作源泉都是来自他的出生地北运河通县（现为通州区）儒林村，说他作品中人物形象的原形都是那儿的人；他谈他13岁发表作品，初中还没毕业就被借调到《河北文艺》编辑部当见习编辑，加入作协时是全国最年轻的会员；他谈过他的代表作品《青枝绿叶》和《运河的桨声》，还有在“文革”中与他同样落难的20世纪50年代4位杰出的青年作家——被称为“文坛四小天鹅”的他与王蒙、从维熙、邓友梅；谈到他从北大中文系退学的想法与经过；谈到老一辈作家孙犁、康濯对他文学创作的影响和帮助……

绍棠老师年轻时曾在河北文联工作过，自然会谈到河北文联的作家作品。20世纪70年代末80年代初，河北有位年轻的文学女青年开始崭露头角，17岁发表作品，18岁出版小说集，引起了绍棠老师的关注。绍棠老师多次对我说起这个文学女青年，对她很是欣赏和赞美，认为这个女生非常有前途。不久之后，这位女生又连续发表了《哦，香雪》《没有纽扣的红衬衫》等在全国有影响的作品，她就是后来成为中国文联和中国作协主席、担任全国人大常委会副委员长的铁凝。

在多次与绍棠老师的接触中，我感到他是个重感情、讲义气的人。他的夫人曾彩美老师是位爱国华侨，在外国就加入了地下党，后来回国读书，和绍棠同在潞河中学读书，是一个年级但不是一个班的校友。当时绍棠老师是学生会副主席，曾彩美老师是生活委员。在学校时两个人常有接触，曾老师也喜欢文学，对绍棠很崇拜，爱慕他的才华，听绍棠老师说，曾老师有时会拿着登有他的作品或事迹的报纸在校门口等他。绍棠老师对曾老师很敬重，多次听他美滋滋地夸赞说："曾老师年轻时很漂亮，她对我是死心塌地，落难时，她不离不弃。"话语间充满了对曾老师的欣赏、信任、亲切、爱与感激。

这里说一件小事，原空军报文艺副刊编辑（后调空军创作室任专业创作员）石玉增知道我和绍棠老师熟悉后，提出要去见见他，认识一下。我说："好呀。"于是，我们各找了一辆自行车，从空军大院骑车来到了绍棠老师家。石编辑带了一本空军报编辑印刷的成语注释的书，我把他介绍给绍棠老师，说："这是空军报石编辑，带了一本书给您。"他说："很好，正好给曾老师，她是老师，可以给她做参考。"脱口而出的最寻常的话语，展现了爱情的模样，反映了彼此深厚的感情与爱。

绍棠老师始终充满创作激情，常年处于"怀胎"之中，有时还是"多胞胎"。他说他写作很容易"入境"，基本生活在小说的"场景"中，因此，在重返文坛后的不长时间内，他的作品井喷，成为那个时期最高产的作家。他在家乡儒林村避难时收集整理创作素材并写出初稿的基础上，相继完成并出版了以北运河家乡人民为原型的《地火》《春草》《狼烟》三部长篇小说，创作发表了《蒲柳人家》《京门脸子》《瓜棚柳巷》等多部小说，并接连获奖。

绍棠老师像热爱创作一样热爱生活，富于想象，憧憬未来，充满对未来生活的美好向往。记得20世纪80年代初，他在美国读书的女儿给他生了一个外孙女，这给他的生活带来了许多乐趣，谈起来总是乐呵呵的。

说到这里，我先按下“暂停键”，说个与此有关联的小插曲：大约是1993年或1994年的时候，我上初中的女儿班上布置了一个课外作业练习，其内容是分析刘绍棠《多吃了几斤盐》的文章，要求学生从这篇文章中分析并找出文中的语言表达特色、有关词语的含义和文中幽默的句子。女儿给我讲后，我说：“刘绍棠是我的老师，是个大作家，你要好好学习他的文章。”不料，女儿回我一句说：“刘绍棠多吃了几斤盐关我什么事？”我说多吃了几斤盐，就说明人家阅历丰富，经验丰富，见多识广，就要好好学习。后来我拿来这篇文章阅读，发现文章的结尾是这样写的：“我相信，几年后，在府右街那绿荫如伞的人行道下，将会出现一个美丽的小姑娘，牵引着手拄拐杖的外祖父，在欢声笑语中悠然散步。”

这也太奇妙了吧！当年我在绍棠老师家听他说到他的外孙女时，绍棠老师就是这么对我说的，一字不差，一字不差啊！

绍棠老师看重亲情，也珍惜友情。

我同他在北京认识与接触大概有一年的时间，后来我调往福州军区空军政治部宣传部工作。离京时，我去他家告别，他对我说了些祝福和鼓励的话，并嘱我有机会来北京一定要来找他。

我调福州空军后，与绍棠老师的联系就很少了，偶尔我会给他打个电话问好，好像也给他写过信，但他回没回信我也记不清了，应该是没有回吧，若他有回信，我一定会保存的。一天，我突然接到一个电话，正是绍棠老师从福州打来的，我很高兴，也很感动。绍棠老师住在福州军区梅峰宾馆，他是同夫人曾彩美老师一起来的，他告诉我，这次来闽，主要是要去曾老师的老家晋江看看。我说要去宾馆看望他和曾老师，他说不用了，我再三表示要去宾馆看他，他执意不让我去，说："到了福州，与你联系上了报个到就行了，你忙，就不耽误你的时间了。"他说他们马上要到晋江去。我只有从命了，但这次他来福州我们没有见面，我还是感到很遗憾。

又过了几年，我的工作也发生了很大变化，我转业回到了江西南昌，与绍棠老师平时几乎没有联系，只是个人有什么情况变化了就会报告一下。

时间到了1987年，我受单位推荐来北大国际政治系学习。记得一天晚上，同学叫我到宿舍走廊接电话，那时宿舍没有电话，更没有手机，班上的一个公用电话放在宿舍楼层的过道上。我接过电话，声音很熟悉，很亲切，是绍棠老师打来的，我当时真是感动到了，心想：绍棠老师这么忙，而且时间过去这么多年，老师还总记得我。他这次来电，主要是告诉我说他分了新房，要住进北京市文联分给他的房子了，他对这个住房很满意，邀请我去他家玩。

我一向对绍棠老师怀有深深的感激之情，非常珍惜我们之间宝贵的师生情谊，也很想去看看他，听他发表对当下形势独到的见解和看法，听他讲述我不了解的新鲜事。但当时我想绍棠老师是个大忙人，创作任务很重，时间很宝贵，担心打搅他，所以当时就没有去。

北大学习结束后，我回到了南昌，来北京的机会很少，偶尔来京出差，因时间紧，更是因为怕打搅老师而没有去他家，但心里总是记着他。

后来从媒体中得知绍棠老师得过一场大病，我特别关注他的消息，挂记着他的健康，祝福他早日康复，期待有机会来京再看他。但万万没有想到，1997年3月12日他突然离世，我非常难过，心情很沉痛。我记得在他去世的前几天，还看到过他写的一篇公开发表的文章，我当时觉得他身体可能恢复得挺不错，没想到，没过几天他也走了。他还年轻啊，才61岁，这么一个好人突然就走了，老天不公啊！

作为他的学生，我为自己失去一位亦师亦友亦兄亦父的难得的好人而难过。现在绍棠老师离开我们已整整27年了，这么多年来，我非常怀念他，常常念叨他，经常和家人谈论他。他的音容笑貌，那平易近人、和蔼可亲、自信大方、温文儒雅的形象时常浮现在我脑海里。由于思念心切，前不久我怀着崇敬的心情，特地来到位于中南海西门的府右街光明胡同45号，拜谒绍棠老师的故居。40多年过去了，胡同还是那条胡同，院子还是那个院子，但已是人去院空。院内凌乱，院门口贴着“危房”的告示，两扇铁门锈迹斑斑，红漆皮面大部分已经脱落，只有那把挂在铁门上的黑灰色的门锁闪着光亮的锁栓，告诉人们这里常年没有人住，但是常有人来。

我找到隔壁的几位大娘和大爷，告诉他们，我是刘绍棠的学生，40多年前常来这里看望绍棠老师。大娘大爷很热情，两位大爷说，他们与绍棠老师是老邻居，那时常在一起聊天。大爷面带微笑给我讲述了绍棠老师的情况。大爷说：“胡同的房子都是老房子，又靠近中南海，马上要拆迁了。绍棠这院子没人住，但他家里人经常会过来看，他的女儿女婿和外孙女也经常过来看房子。”

站在绍棠老师故居前，想到当年生机勃勃的院子里创作势头正旺的绍棠老师，我百感交集，感慨万千，心中有股说不出的滋味。

作为他的学生，我为他的早逝，为我国文坛陨落一位巨星而深感痛惜。绍棠老师是为文学而生，为文学而死的。为了把失去的20多年大好时光夺回来，他拼尽全力地写呀写，积劳成疾，拖垮了原本强壮的身体，得了重病后，多年拖着病体，坚持创作，真是写到了生命的最后一息。他带着根土的情怀，致力于乡土文学写作近50年，这一生为读者奉献了600多万字的乡土文学作品。

我在回顾与思考整个与绍棠老师接触的过程以及阅读他作品及文章言论时，曾一度这样觉得：绍棠老师生前不是为活着而活着，更不是为自己、为当下而活着，他好像是为死后而活着的。像许多伟大杰出的人物一样，他也是要让自己“死后才出生”。他当然知道人会死，但他想得更多的是死后为这个自己曾经眷恋的世界留下什么？正如鲁迅先生所言，他“想要死在人们的心中”。他生前一直在为中国乡土文学呐喊，致力于乡土文学创作，他一生最大的愿望就是创立运河乡土文学体系，把自己与运河紧紧连在一起，血肉不离！为了这个理想和愿望，他不惜拼了命。最终他以虽不算长但却辉煌的生命实现了自己的目标和愿望。

绍棠老师在他61年的人生中，立足于北运河这方热土，以农民的眼光看待文学，他像一团火焰，为运河发光，像一支蜡烛，为运河不断燃烧着。他把自己的一生和全部作品献给了他热爱的家乡和大运河。

绍棠老师以他执着于运河乡土文学创作的突出成就被人们誉为“运河之子”。他也常说自己是土著作家，是文坛老农，称自己的作品是精神上的“农产品”。他一辈子都在写运河、写通州、写儒林村，他说他喜爱吃“农家饭”，穿“粗布衣”，因此他的作品接地气，有泥巴味，充满了浓厚的乡土气息，他从他的短篇小说处女作《蔡桂枝》到他去世前的《村妇》，一生全部的作品都是讲述运河岸边的农村故事，写的都是家乡人，村里人。他在近50年的创作生涯中，共创作了《春草》《狼烟》《地火》《敬柳亭说书》《京门脸子》等12部长篇小说，创作了《蒲柳人家》《运河的桨声》《瓜棚柳巷》等27部中篇小说和《青枝绿叶》等百余篇短篇小说。此外他还出版了《乡土与创作》《我与乡土文学》《乡土文学40年》等10多部散文短论集，他用毕生精力耕耘乡土文学，创立了大运河乡土文学体系。他的作品生动形象地反映了家乡儒林村和北运河沿岸人民的生活景象，成为深受人民喜爱的作家。

1400多年前，隋炀帝杨广开启了北起通州，南至杭州的南北大贯通的京杭大运河的伟大工程，这是祖先为中华民族留下的造福于子孙后代的伟大遗产，人们永远铭记。而诞生于大运河北端的运河之子刘绍棠老师在中华人民共和国成立后为滋养他的运河和运河沿岸的乡亲倾其毕生精力，创作出数十部数百万字乡土文学作品，展现了宏大的中国大运河沿岸历史社会、文化景观、文化性格、风情民俗的多彩的壮丽画卷，为开创中国乡土文学作出了重要贡献，为中华民族文学宝库留下了宝贵的精神财富，人们将永远铭记！

大运河延绵不息，永远流淌。绍棠老师永远和伟大的大运河连在一起！

序跋集萃

《多彩的人生》序

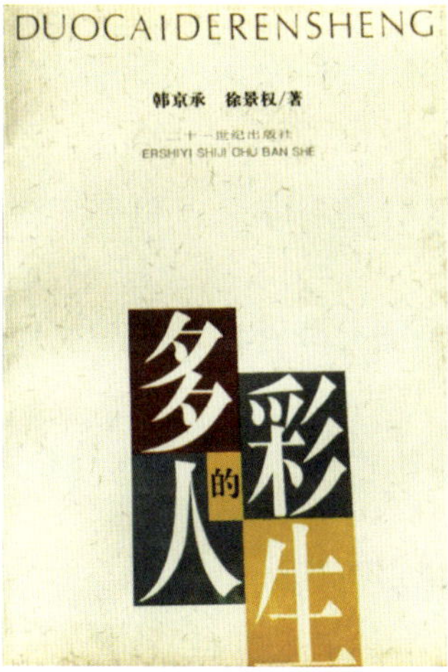

世界是个万花筒。生活在这个万花筒中的人也是变化的、多色彩的。

你老是做挨打的铁砧，不定准有朝一日就成了打铁的铁锤。

你正春风得意，红得发紫，可一着不慎，就可能堕入万丈深渊。

你身处逆境，艰难多磨，说不定这恰恰是你成为一代英才的磨刀石。

你得志时，可能有些人会远离你而去；你背运倒霉时，却有不少朋友亲近。

早该愧悔时你并不早早回头，待你知道愧悔时却已经晚了……

这就是人生。

把人生想得很美丽，是一种天真；想得很丑恶，则是一种悲观。

人生是什么？一位大师说过：“人生不是一种享乐，而是一桩十分沉重的工作。”

是的，生活在这个世界上，既有痛苦，也有欢乐，更充满艰辛。因为人生需要奋斗，需要追求，需要正义和善良，更需要作出奉献。

展现在读者面前的这本书，便是一幅多彩的人生画面。

1995年9月于南昌

《写给 80 后女儿》代序

作家柳青说过：人生的道路虽然漫长,但紧要处常常只有几步，特别是当人年轻的时候……在女儿步入成年和当了母亲这两个人生的重要节点，我给她写了两封长信，同她谈人生，谈理想，谈社会，谈事业，谈生活，谈为人处世。期望她在这个纷繁复杂的大千世界，好好学习，好好工作，好好生活，好好做人。

天下父母的心都是相通的。将这两封信结为一本小册子出版，只愿女儿以及和她同时代的人能更深刻地理解父母。如果还能从中找到一些有参考价值的东西，那便是我的莫大欣慰。

（2013年1月于南昌红谷滩）

战士的风采

《蓝色的脚印》跋

还是我当新兵初学新闻写作的时候，就听说：“福州空军有个韩京承。”后来，我经常在报刊上看到他的文章，也常听到朋友们介绍他的文品和人品。渐渐，我对他的印象也就更深刻了。但我们第一次见面，还是1980年春。那次，我到北京军事博物馆去看望一个战友，正好京承也在那里，他是作为“一心为革命的好飞行员——孙安定”这一重大典型的主要发现者和采写者被特邀来军事博物馆筹办“生命的赞歌”的展览的。我们只随便交谈了几句，但那次的接触，他给了我第一个印象：稳重、老练，好像总是在沉思的样子。事有凑巧，不久，我被调到福州空军机关，同京承在一个部里。从此我们便结下了不解之缘。我们先是在一起朝夕相处共同生活、战斗了几年。后来我下了部队，但京承仍是我的“顶头上司”，工作常来常往。1985年底，我们又同一批“解甲归田”转业到省城，虽不在一个单位，但一直保持着密切的联系……因此，可以说对京承的为人为文，我是了解的。

京承在空军部队生活、战斗了27个春秋，绝大部分时间是“摇笔杆子”，除写了大量的经验材料、工作总结、调查报告和讲话稿及各种文件之类的东西外，在他的“主业”——新闻报道方面更是硕果累累：曾在军内外各种报纸、杂志、电台发表过数以千计的稿件；同时，他的“副业”——文艺创作也颇有成果：发表过上百篇报告文学、散文、小说等文艺作品，有的作品受到读者喜爱，并获得文学创作奖。很久以来，他想从发表的稿件中选一部分结集出版。他把这个想法告诉了我，我非常赞成和支持。集结出书，不仅对他个人来说，是一段人生奋斗的成果的记录，更主要的是，他所写的那些新闻作品和文艺作品，热情歌颂了人民军队这个英雄集体里的先进人物和先进事迹，真实地反映了部队火热的战斗生活。文中倾注了他对党、对人民、对社会主义和对人民军队的无比热爱之情。当我作为第一个读者看完《蓝色的脚印》的书稿后，我更加感到这是一部正义和光明的颂歌，是一部人民军队的英雄赞，它不仅使我的“心在跳，情在烧”，也使我油然而生“生命里有一段当兵的历史”的自豪感。出版这样的书，无疑对人们，特别是对青年战士进行革命传统教育、革命英雄主义以及革命人生观的教育，是很有意义的。

《蓝色的脚印》汇集了故事、通讯、特写、报告文学、散文等多种样式的作品，多角度、多侧面、多层次地反映了人民空军各个历史时期的战斗生活。作品涉猎甚广，在题材上包括了部队作战、军事训练、思想政治工作、军民关系以及战士的业余生活和爱好情趣等各个方面；在人物上，包括了空军多兵种的各类人员，有穿云破雾、搏击长空的飞行健儿、有为战鹰铺平通天路的地勤人员，有查天观地、擒妖缚怪的雷达兵，有英姿勃发的“全能炮手”、有自学成才的“猪官”，有“两地书”式的恋人，还有驾机归来的爱国勇士。作品涉及了机场、高山、海岛、边防哨所、高炮、雷达阵地等空军部队各个生活、战斗的场所，在人们面前呈现出一幅幅色彩斑斓的军营生活图景，既充溢着紧张热烈的工作和战斗气氛,又有浓烈的生活气息。值得指出的是，这些作品，写的都是部队的“凡人凡事”，在写作时间上起始于1962

年，迄至于1987年。作者没有去赶政治浪头，追逐时髦，没有趋炎附势，而是深深扎根于人民群众的土壤之中，始终把笔端指向那些默默无闻、无私奉献的普通战士和基层干部，写他们的欢乐追求，写他们的情趣、爱好，歌颂他们的事业、美好的心灵和高尚的情操，做战士的忠实代言人。

《蓝色的脚印》竭力为普通战士树碑立传，为他们唱赞歌，突出而又鲜明地表现了“歌颂正义、向往光明”这一主题，一方面使作品的思想达到了纯洁化、高尚化；另一方面也表现了作者坚定的历史唯物主义的世界观和大众化的“美”的“凡人性格”。

真实地反映和表现现实生活，是《蓝色的脚印》的又一特色。京承是忠实于现实生活的，其写作态度是非常严肃认真的。他经常讲，真实性是文章的生命所在，求实求真是每个作者应有的品质。在福州空军宣传部任副部长时，他强调最多的就是新闻和文艺作品的真实性问题，他对弄虚作假深恶痛绝，要求新闻干部消灭假报道，发现弄假，决不留情。他要求文艺创作实现生活真实和艺术真实的结合，不要胡编乱造。他自己写的作品，是让人可信的，不仅那些真人真事的新闻作品是挤干了“水分”的文字，即使是那些虚构的文艺作品，也大都是以真人真事为背景，通过对生活的深刻而细致的观察及对丰富的实际生活的体验“有感而发”的，“发出的都是自己的声音。”收在这本集子里的叙事散文《浪花碎采》《悠悠月下谈》《祖国的天空没有篱笆》《地藏府纪事》《大雾山风采》等都有很强的真实感，使读者感到生活本来就是这样。因而能够引起人们的共振、共识和共鸣。

善于发现并致力于宣传典型，是在同京承的共事中他给我的一个突出印象。20多年来，由他报道和参与写作的有几十个空军各条战线的先进单位和个人的典型。其中在军内外产生较大影响的有“学习毛主席著作积极分子”丰福生、被中央军委授予“一心为革命的好飞行员”称号的孙安定、被空军党委授予“雷锋式战士”称号的李宗社、被团中央授予“新长征突击手”称号的“社风瑞大队”青年大队长洪其淮等。另外，还有一些典型人物和单位，京承虽然没有参加采写，但他也做了大量工作：或是由他发现、推荐的，或是由他组织力量报道的。正是由于京承的努力，我们原来福州空军部队的典型宣传一直较为活跃，军营不断开放出一朵朵绚丽的新花。这些典型的宣传，在鼓舞部队士气、激励干部战士斗志、推动部队军事训练和精神文明建设等方面发挥了积极的作用。

经过长期的写作实践，京承已能较熟练地驾驭包括新闻和文艺创作在内的各种文体。在新闻写作上他具有很强的敏感性，能从不为一般人注意的“小事”中抓出“重大问题”。

在文艺创作方面，他也表现出艺术才能和功力，尤其是散文的写作，俨有“大家”风度。他写散文，随手拈来，从不装腔作势摆架子。不论是抒情的，还是叙事的，语言都很清新流畅，高雅清丽，贴近生活，朴实自然。他写的随笔，文字活泼，形式不拘一格，寓抒情、叙事、议论于一体，具有浓厚的“生活味”。应该称道的是，他的散文作品，不论是几千字、上万字的“大块头”，或是几百字的“豆腐块”，都精心雕琢，力求出新，力求挖深，使你读后有所思、有所得。收在集子里的十几篇散文中，《直线赋》和《春夜心潮在涨落》我最为欣赏。在《直线赋》里，作者把对人民军队的深深爱恋之情和高度强化的激情和盘托出，在他那声情并茂的描绘中，本来比较单调的军队“一条线”的生活是那样充盈着生气，那样美妙有趣。读后使人产生没有当过兵的遗憾感。《春夜，心潮在涨落》则显得深沉、凝重，激情中充满思辨。这篇作品发表于1983年，这时，京承已进入“不惑之年”，当时，无论是社会上，还是部队里，都掀起了学科学、学文化的热潮，大家都争先恐后参加学习，要考“文凭”。对此，京承很有一些感触。他把这些感触用散文的形式表现出来，这便形成了《春夜》。这是一篇散文抒情诗，它用诗一般的语言，诗一般的意境和遐想，来抒发“我”在“天命”之年被批准进文化补习学校学习的感触。文章的开篇，作者用寥寥数笔生动形象地描绘出“春夜”的图景：透过那冥冥夜色，我仿佛看见了小草在拱破地皮，雏鸟在啵啵啄壳，嫩芽在枝头欢跳……这样富于感情色调的诗句，使人们仿佛看到“大地在春夜里复苏，万物在春风中萌动”的“春声、春情和春景”，给人以强烈的感染。

同时，透过这如诗如画的句子，含蓄地表现了“我”进文化补习班的欢悦的心情。

在《春夜》里，作者运用较多的是一些象征性的抒情语言。“昨天，春燕捎来了喜讯”，“我的面前敞开了一座知识的宫殿”，“去摘那书山的苦果，撑那学海的苦舟……”“啊别了，误人青春的年代，现在得赶紧扼住命运的咽喉，抓住今天，把握明天，怀揣一颗饥饿之心，去追赶那逝去的岁月，失落的年华，亏欠的知识……”初看起来，这几行文字，似乎有些花哨，但细细品味，这里面却蕴藏着象征性的深刻意境。

“哗……春夜，五湖四海涨大潮，大潮漫过了我的心……”这具有强烈感情的诗句，更使人们窥探到“我”那极不平静的心境，仿佛听到“我”在这个不眠的“春夜”，心潮的海水一浪高过一浪的澎湃涛声。同时，也高度含蓄地暗示着“学科学、学文化的春雨”，已经逐渐地形成大潮，“漫过了五湖四海”，催促着每个有志之士向科学文化进军！读这样的作品，确实能给读者一种美的艺术享受。我认为，《春夜》和《直线赋》这两篇作品，堪称京承的散文代表作。

勤奋出才能。京承达到今天这个样子，是下了一番苦功的。他出生于湘西一个贫苦的农民家庭，因家境贫寒，仅读到初中三年级上学期便辍学参军来到部队，被分配在某通信团一个连队当文书。他爱好写作，经常用自己的津贴费买有关写作的书籍学习，并每天坚持写日记。连队的黑板报是他写作上成长进步的

“练兵场”。他担任黑板报“总编辑”，每周两期的板报像报纸一样准时出版，他利用这个阵地，大显身手。当时，正逢全军掀起兵演兵、兵唱兵、兵写兵的热潮，他编节目、写报道、写评论，把连队闹腾得生龙活虎，朝气勃勃。正是在这基层长期的宣传、文化工作的刻苦磨炼中，他提升了各方面的素质。当了干部以后，京承调到了福州空军机关，成为专职新闻干部，他更是发奋工作，辛勤耕耘，跑机场、去高山、下海岛，脚步急促，行色匆匆，一天到晚忙个不停，哪里有“好人好事”和好的经验，他就出现在那里，足迹遍及福州空军的各个机场、高炮、雷达、导弹阵地及边防前沿哨所。他在回忆那段往事时说：“那时，满脑装的都是题材、线索和先进人物，连吃饭、走路、睡觉都在想‘怎么写’。”他每次下部队采访，除完成报道任务外，总要带回来一些“副产品”——将那些在部队了解到，观察到的生活现象及自己的感想随时记录下来，回机关后再进行整理加工。他的许多散文都是这样“捞到”的。据我所知，京承现在仍有许多本被他称作为“记忆仓库里”的素材。我想，在他未来的创作中，这些“储存”经过新思想、新观念的熔铸和撞击,将会涌向他的笔端，化为新的艺术作品而面世。

京承以他在新闻写作和文艺创作两个方面的成果，先后出席了首届全国青年业余创作积极分子代表大会，登上了人民大会堂的讲台，受到党和国家领导人的接见，被吸收为新闻工作者协会和作家协会会员。但他从不居功自傲，处世待人没有一点架子，谦虚和蔼，平易近人，不论是同新闻干部、业余通讯员还是连队的普通战士，都很谈得来，因此，大家都喜欢同他接近。他像一个“磁场”，走到哪里都会吸引一些人。难能可贵的是，当他自己有了经验，就尽力对新同志传、帮、带，毫无保留地向他们传授自己的写作经验和体会。为鼓励业余通讯员写稿的积极性，京承常同他们一道采访、写作。

他经常同新闻干部或创作人员侃题材，说灵感，谈路子，同他们一起交流创作经验、体会以及腹中的“胎儿”，甚至把自己想的情节贡献给他人。因此，大家都很尊重他，他的周围，弥散着一股很浓的创作气氛。近十多年来，福州空军部队出了不少的记者和作家，可以说，他们之中大多数在创作入门阶段都曾直接得到过京承的帮助和指教。

最后谈几句关于这本集子的“选编”问题。这本集子收录了包括京承20多年前开始写作时的“处女作”和新近创作在内的40余篇文章。他把这个集子取名为《蓝色的脚印》。他告诉我结集的思想：一则是反映人民空军各个时期的生活；二来体观他本人在空军部队生活、战斗和成长的足迹。起初我对他说，选篇也是一件不太好做的事，因为毕竟要“淘汰”其他部分的功劳，要割爱忍痛；另外，要在千余篇作品中挑选40来篇，难以做到“精当”。现在看来，京承显然对这个问题早有考虑。他没有把所有的“好菜”都端上来，而是选择了那些代表不同时期、不同题材、不同体裁并且格调又相当和谐的作品。在这本书里，我们既可以看到标志作者现阶段水平的上乘之作，也可以看到作者在思想上、写作上日趋成熟的“阶梯”。我感到现在选编的稿子是达到了作者意图的。

作为京承的老部下，老战友，作为《蓝色的脚印》的第一个读者，我写了以上文字，算是给读者提供一份我读这本书的感想及有关作者的背景材料吧。相信读者自有评说。

1991年5月22日于南昌

《写在雪地的脚印里》自序

40多年前，我带着山乡田野的泥土，走进城市机器轰鸡的工厂；几年后，又带着车间机床的油迹，走进军营，本是拿“枪”的，却握起了笔。

这一“握”就再没有放下。早年在部队从事新闻工作，“百万大裁军”时，转业到地方宣传部门，主要还是与文字打交道,前些年调到出版单位任职，也还算是“归队”。

就这么干到了今天。在职场上，所写的大都是些新闻、文件、材料和领导讲话等“保饭碗”、对一个地方或一个单位很重要而对于一个作者来说却没有什么“味道”的文字。还好，我对文学有爱好。我把因工作关系接触到的一些人与事以及自己对人生、社会生活的体验与感受写成自认为有点“味道”的文字，包括报告文学、散文、特写等多种样式，这就形成了现在这本集子。

集子里的一组散文，抒发了我对亲情、友情的真情实感，展现了我对社会对人生的关注与思考。《女儿，今年你已十八岁》和《未来在于“现在”》是写给女儿的两封长信。信中与女儿谈理想、谈社会、谈人生、谈做人做事，我以为，这两封长信不仅仅是写给女儿的，从一定意义上讲，是各具鲜明时代特征的50后与80后两代人的思想沟通与交流，是作为“过来人”的50后“说”给正在“成长”的80后“听”的，是写给80后这一代人的。作品是否体现了作者意图，那只有让读者品评了。其余各篇，有我对父亲的深情怀念，也有对战友以及对一些难以忘却的往事的追怀，篇幅或长或短，都是自己思想情感自然与真实的流露。

从军的生涯是我永远的感念。军营一片绿色，绿色象征着希望。在“火红”的70年代，亿万中国青年把当兵作为第一理想，部队聚集了大批优秀人才，空军更是一个人才辈出的战斗集体。我在人民空军工作生活了十几年，对空军有着挥之不去的特殊情结。我把最美好的青春年华献给了捍卫祖国蓝天的人民空军，而蓝天下穿绿上装、蓝裤子的军营生活给了我丰厚的馈赠，锻造了我“军人性格”，我为自己生命中有一段当兵的经历而骄傲。在部队时，我接触过空军航空兵、导弹、雷达、高炮等诸多兵种，写过一些表现这些部队训练生活的文字，有些“活动”我随军与部队基层官兵一道参与了全过程。军营的那段时光，正值青春年少，意气风发豪迈，颇有“心怀家国天下"之激情豪情。在收集、整理有关文稿时，我依然“心在跳”“情在烧”。我把《勇者脚下必有路》《导弹跨海》《导弹即将腾空》等表现侦察航空兵和导弹特种兵部队训练生活的几篇特写一并收进本书，借以表达我永远的军人情怀.

以上所写，对自己的情况及本书作品作了简要介绍和说明，权作自序。

2014年10月26日夜于南昌红谷滩

《北大外宣一期学子》序

写在前面的话

这是一部纪实性文学作品。作品通过发生在一群“外宣人”身上的故事，展现了我国新时期对外宣传尤其是地方对外宣传气势磅礴的壮丽画卷。

这群“外宣人”，就是我国在20世纪80年代中后期由北京大学国际政治系(现为北大国际关系学院)首批培训的学子。由于这期外宣班是我国宣传和外宣工作最高领导机关与我国最高学府——北京大学历史上第一次联合办班，因此被称作“中国外宣一期”，也称“北大外宣一期”。

这是一群绝大多数出生于20世纪50年代至60年代初期，与新中国一同成长，从艰苦的年代走来，吃过苦、肯吃苦、有理想、有激情、有抱负的学子。

这是一群既能做小事，也敢想大事、干大事、干成大事的人，是我国培养的第一代地方对外宣传的开拓者！

对外宣传是对外开放的先导。伴随着席卷中华大地、深刻影响中国和世界走向的波澜壮阔的对外开放，我国对外宣传的“地方军”应运而生，迅即突起。他们会同对外宣传的“国家队”，形成浩浩荡荡的外宣大军，向全世界掀起声势浩大的广泛传播中国形象的热潮，推动和促进我国对外开放和经济发展，加速“世界了解中国，中国走向世界”。

作为地方对外宣传的重要力量，外宣一期学子在我国地方对外宣传创建初期，与他们的领导和同事一道，在没有任何经验可供参考借鉴的情况下，艰苦探索，开拓创新，闯出了一条既有中国特色，又呈现浓郁的地方色彩的我国地方对外宣传的新路。

为了扩大我国的国际影响，争取世界人心；为了创造有利于对外开放的国际环境，保证对外开放政策的顺利实施，推动和促进经济建设快速发展。外宣一期学子们以对党、对祖国和人民、对事业的忠实忠诚，以高度的事业心和强烈责任感，以饱满旺盛的工作热情，在地方对外宣传这片未曾开垦的荒原开疆拓土，辛勤耕耘，把青春年华和聪明才智献给祖国对外宣传的崇高事业。

他们的故事，看似平淡无奇，波澜不惊，但却昂扬豪迈，催人奋进；他们的故事没有跌宕起伏的情节，没有催人泪下的场面，但却蕴含伟力，惊天动地；他们的故事，不会留下自己的名字，但却连着中国，连着世界，让中国的名字响彻全球。

在较长的一段时间里，北大外宣一期学子与他们的领导和同事一起，以创造性的工作，不断开创我国对外宣传的新局面，奋力推动着我国外宣事业迈上一个又一个新台阶，在我国外宣史上书写了浓墨重彩的一笔。

如今，几十年过去，伟大的中国已昂首阔步迈向世界舞台的中央。那些曾为推动中国走向世界奋力拼搏的外宣一期学子也陆续退出或即将退出工作岗位。大千世界里，滚滚红尘中，人海茫茫，没有人会知道他们是哪一个，但万里江山记录了他们奋斗的足迹；神州大地永远镌刻着他们在共和国筚路蓝缕、走向辉煌的征程上艰难跋涉的身影。

他们无愧于当今伟大的时代。

他们是一群可敬的人。

本文是对这群“外宣人”的深情礼赞！

（2023年6月于北京海淀）

《北大外宣一期学子》后记

人生总有一些时刻让人激动与难忘。激动因为热爱；难忘源于心灵受到震撼。对外宣传工作的往事与经历，常常让我激动，难以忘怀。

我曾从事对外宣传工作8年，不算长。但它对我的影响是巨大的，从中我收获了太多、太多！

第一次与北大交集，就缘于对外宣传工作。20世纪80年代中后期，我有幸被推荐到北京大学国际政治系(现为国际关系学院)学习对外宣传专业，在北大度过了一段难忘的时光，北大厚重的人文气息，志在家国、追求真理、以民族国家利益为上的博大胸襟与情怀，北大人特有的性情、品质和风骨，在我心中烙下了深深的印记，成为激励自己前进的方向和动力。在这里，扎实实地充了一回电，学习新知识，领悟新思想，增长了见识，拓宽了视野，打开了思考的闸门。这段经历弥足珍贵，是自己生命旅程中溅起的一朵美丽的浪花。这次“打底”，受用一生。

对外宣传工作让我有机会遇到开明、开放的好领导和知识渊博、学养丰厚的国内顶级专家学者。北大老前辈、原中央对外宣传小组组长朱穆之，原国家外文局局长段连城，原北大国际关系学院首任院长、我的班主任梁守德教授等，都是我非常敬重的领导和老师，他们为祖国对外宣传的崇高事业不断奋斗，做了重要贡献，在我国外宣战线和国际关系理论研究领域树立了一座丰碑。还有国家外文局，这是一个群贤毕至的地方，集中了我国一大批杰出的中外知名专家学者和外宣人才，在我国地方对外宣传工作初创时期，国家外文局是我们地方对外宣传工作者的“娘家”，地方外宣人员与国家外文局打交道是最多的，外文局的专家学者们心无旁骛，不计名利，在对外宣传领域辛勤耕耘、默默奉献的精神和品质，让我有了榜样的力量，有了追求和仿效的目标。感恩人生中有这样幸运而美丽的遇见。

曾经朝夕相处，在一层楼里睡觉，一口锅里吃饭，一间教室上课，来自天南地北的同学是我的宝贵财富。这是一个优秀的群体，同学都是由各省市委宣传部和中央国家机关宣传文化系统推荐来北大学习的优秀外宣干部。在学校艰苦紧张的学习与生活中，大家相互关心，相互鼓励，相互帮助；离开学校后，大家经常联系，相互交流，结下了深厚的友谊。几十年来，走着走着，同学之间已情同兄弟姐妹了。

更让人精神振奋、深受鼓舞的是，这些同学从北大学习结束回到各自的外宣岗位后，作为地方对外宣传的中坚力量，犹如蛟龙下海，同他们的领导、同事一起，掀起了我国对外宣传的巨浪，他们在没有任何经验可资借鉴的情况下，从零开始，对地方对外宣传这项新工作进行了艰辛的探索，实现了一个个“零的突破”，使我国地方对外宣传工作不断出现新气象，登上新台阶。由他们组织、策划或参与的各地一个接一个的各种各类的对外宣传活动，搅动了中国，搅动了世界。他们同外宣同行们一道，共同编织着中国的形象，共同发出中国的声音，为加速世界了解中国，中国走向世界而奋力拼搏，努力推动中国迈上世界舞台的中央。若干年后，这些同学无论是在外宣战线还是转岗调动到其他地方，都做出了出色的成绩，成为各自领域的专门人才和领军人物，许多同学已成长为党的中高级干部。

不愧为“北大外宣第一班”，他们没有辜负北大的培养，没有辜负组织的重托，没有辜负党和人民的期望，他们在人生的舞台上演绎着各自的人生精彩。我时常为同学们忠于事业的精神所感动，为他们干出的不平凡的业绩而高兴和自豪。久而久之，便萌生了把北大外宣第一期这个班生动感人的故事，作为一个集体群像创作出版一部报告文学作品介绍给世人的念头，以鼓舞、激励、教育后人。

当我把这一想法与同学们汇报商量后，到了大家的热情鼓励和支持。许多同学翻箱倒柜，查找资料，与我长谈，为我写作提供了大量素材。可以说，没有同学们的支持配合，鼎力相助，我是不可能完成这部跨越近40年历史、全面记录全国各地外宣重大活动的作品的。在此，对同学们不遗余力地帮助，表示衷心的感谢！遗憾的是，由于水平所限，采访不够深入，文中没能将所有同学的生动事迹表现出来，只是有代表性重点介绍了十几位同学的事迹，许多同学的事迹尚未提及或简略带过。尽管有挂一漏万之感，读者却依然可以领略那时我国地方外宣规模宏大、波澜壮阔的壮丽景象，依然让人心潮澎湃，热血沸腾。

本文在采写过程中，许多领导和同行朋友给予了热情的关心关注和帮助，在此一并表示感谢！

（2023年6月于北京海淀）

后　记

整理完这部书稿，已是2024年的深秋。

秋风吹来，树叶随风飘散，满地金黄。这美丽的金秋，既让人感怀与遐想，也使人憧憬与瞻念。

想起了青少年时期，我刚进工厂步入社会，也是在这样的深秋季节，伫立窗前，随着瑟瑟秋风，思绪涌起，思考人生，瞻念前途，常常临窗远眺，追逐着那美好而遥远的梦……

那时我怀揣着两个“少年梦”：一是参军入伍，当一名保卫祖国的光荣的解放军战士；二是做一名新闻记者，哪里有大事、新事、突发事就出现在那里，可以见到“大世面”。

当时，感到这是遥不可及的事，但无论追梦的路途有多远，多艰辛，我都将坚定地朝着梦的方向奔去。几年后，“梦”居然变成了现实。

随后的几十年间，我基本上都在青少年时代开启的梦中“转悠”和伸展。

一位名人说过，人生不是享乐，而是一桩十分沉重的工作。当昨天成为故事，当“沉重的工作”成为过往，剩下的就是美好的回忆。本书收集的就是我在40余年间从军、从政、从文过往的岁月里所遇到的难忘的人与事的回忆，从中也可以看到自己一路走来的“脚印”。现在将它整理出版，一方面是向曾经坚定信念、追求梦想的自己作一次纪念与致敬；另一方面是向社会传导积极情绪，传递积极向上的正能量，启迪他人，相信“坚定”的力量，满怀信心向着既定目标，创造属于自己的美好未来。

本书的出版，得到中国和平出版社的热情支持和帮助，林云社长非常重视，精心安排出版事宜，编辑室主任张春杰、责任编辑崔雨薇认真审稿，精心编辑排版，做了大量工作。在此，向林云社长和张春杰主任及责编崔雨薇等有关编辑表示衷心的感谢！